NEUF MOIS

AUTOUR DU MONDE

NOTES DE VOYAGE

PAR

JULES LOIR

PREMIERE PARTIE

DE FRANCE EN CHINE

Delta d'Egypte. — Les Indes. — Java
Bang-Kok. — Indo-Chine. — Canton

PARIS
IMPRIMERIE DE LA " VÉRITÉ FRANÇAISE "
2, rue de Fleurus, 2

ERRATA

Page 109, lire : renvoyant *la lumière sur le tout*, un grand fleuve... (et non renvoyant *à la lumière un grand fleuve*).

— 135, — profession de foi *affichée* sur le front (et non *affectée*).

— 142, etc. *Darjeeling* (et non *Darjecling*).

— 155, — Quel malheur de *partir d'ici* (et non *porter en soi*).

— 187, — Les *fractionnements* ethnographiques (et non *fonctionnements*).

— 217, — un lien quelconque entre les *acteurs* (et non *actions*).

— 224, — l'un des *coins* fleuris (et non *cours*).

— 227, — ne *dorment* point le sommeil de mort (et non *donnent*).

— 252, — et elle *s'enrichit* par surcroît (et non *l'enrichit*).

LA SECONDE PARTIE

COMPRENDRA :

SHANG-HAI — LE JAPON

LE CANADA

ET NEW-YORK

AUTOUR DE L'ASIE

PAR

J. LOIR

PREMIÈRE PARTIE

Avant de commencer cette série d'articles sur le vieux continent convient-il de mettre les manchettes de M. de Buffon? Certains diraient oui. Pour moi, je n'ai ni ce désir ni ce pouvoir. Et puis, dans la douce tiédeur des journées d'Orient, le corps et le cerveau s'alanguissent tellement que tout effort devient une fatigue.

Un récit de voyage gagne-t-il, d'ailleurs, à être revu et contrôlé dans le froid labeur du cabinet de travail? On peut en douter. Ce qu'il gagne du côté de la méthode, de la pondération des jugements, de la précision du style, ne le perd-il pas complètement sous le rapport de la vivacité et de l'énergie des impressions? Ce petit raisonnement se trouvant en parfaite harmonie avec les ingénieuses suggestions d'une certaine paresse personnelle, je n'hésite pas à l'adopter.

Les lecteurs de la *Vérité Française* passeront donc condamnation, je l'espère, sur les négligences de la toilette littéraire et ne verront dans l'improvisation hâtive du narrateur que le bénéfice d'un récit plus sincère et plus vécu.

EN ROUTE

17 décembre.

Tout voyageur qui quitte sa patrie pour s'aventurer vers les vieux et mystérieux pays d'Orient se trouve, au moment du départ, dans une situation psychologique bien particulière. Cet Orient du passé, avec ses monuments étranges, témoins de civilisations et de peuples disparus, cet Orient actuel avec ses conceptions mentales et ses modes de vie si différents des nôtres, l'attire comme un problème plein de charme poétique et d'inconnu ; mais la patrie qu'il abandonne avec des êtres aimés n'est-elle pas un autre problème dont la solution semble échapper avec l'éloignement ? A notre époque surtout, on ne sait pas de quoi demain sera fait et, sous l'empire de cette obsédante pensée, l'esprit et les yeux s'accrochent davantage au sol natal qui va fuir pour bien longtemps.

Je ne jurerais pas que cet état d'esprit soit exactement celui de tous les passagers. Pourtant, derrière le tohu-bohu de façade de l'installation matérielle perce une petite pointe d'émotion générale et, lorsque le navire, débarrassé de ses liens, commence à glisser sur les flots bleus, toutes les têtes restent obstiné ment et silencieusement tournées vers la terre.

La vision dure peu. Il est cinq heures : la distance et le temps agissent de concert pour l'abréger. Pendant une demi-heure encore, les côtes de Provence, doucement illuminées par les dernières clartés, semblent nous adresser leur salut d'adieu dans le mélancolique sourire du soir ; puis, à défaut des terres rentrées dans l'ombre, ce sont les cordons de gaz des quais, série de petits jetons lumineux qui délimitent l'espace où nos yeux aiment à se porter ; mais le paquebot a augmenté son allure, et bientôt nous n'avons plus autour de nous que l'espace muet et la nuit.

Au revoir, chère France ! Cette séparation n'est point du délaissement, bien au contraire ; elle avivera nos affections et te fera désirer davantage à l'heure du retour !

Et maintenant, puisqu'il le faut, laissons nos cœurs tournés vers le pays natal, mais dirigeons nos regards et nos esprits vers l'Orient pour y accomplir notre tâche.

18 décembre.

La mer devient dure. J'ai pris place à bord de l'*Equateur*, confortable paquebot des Messageries Maritimes. Equateur est plus ou moins synonyme de stabilité : hélas ! je m'aperçois bien vite qu'il s'agit là d'une simple étiquette et non de l'honnête et sincère traduction d'un fait. Le bateau roule tout autant que s'il n'était pas équateur du tout. Bien plus, nous devrons passer par le golfe de Gênes au lieu de traverser le détroit de Bonifacio. La Méditerranée est une jolie personne qui a parfois ses nerfs ; elle est surtout irritable aujourd'hui, paraît-il, du côté de la Sardaigne. Pour n'avoir à supporter que le minimum de sa mauvaise humeur, nous longerons les côtes d'Italie. C'est un demi-jour de traversée en plus ; mais à quelque chose malheur est bon, puisque ce retard nous vaudra de belles échappées sur une terre peu banale.

Le commandant tient plus que ses promesses, les échappées sont remplacées par de magnifiques panoramas.

A la hauteur de Livourne, la chaîne des Apennins devient visible et cette magnifique épine dorsale de l'Italie passant par toutes les gradations de couleurs que lui donne un soleil sans rideau, reste en vue jusqu'au golfe de Naples. Nous arrivons juste à temps entre la côte et l'île d'Ischia pour saluer les miroitements de la lumière crépusculaire sur Castellamare le Vésuve et son panache de fumée.

Cette entrée dans la baie de Naples est toujours merveilleuse lorsque le grand metteur en scène qu'on nomme le soleil ne refuse pas son concours. De Pausilippe et Naples, le matin, à Sorente et Capri, le soir, la lanterne magique céleste éclaire de ses rayons chauds ou adoucis quelque coin du vaste estuaire, laissant plus ou moins telle autre partie du cadre dans un demi-mystère d'ombre qui grandit le paysage.

C'est merveilleux, et tout amoureux de la nature ne peut que regretter les facilités pratiques du chemin de fer. Naples comme Constantinople est fait pour être vu de la mer. Or, le mode de locomotion actuel attaque la ville à revers, à contresens et l'on sait quelle est l'importance d'une première impression d'ensemble sur la sensibilité du touriste.

Quelques musiciens viennent en barque nous donner une aubade accompagnée d'autant d'airs nationaux qu'ils supposent de pays représentés à bord et, après une pluie de gros sous qui résonne sans doute plus agréablement encore à leurs oreilles que les roucoulades de la prima donna à nos propres oreilles, un coup de sifflet retentit.

Nous partons. Tout Naples avec la série de bourgades rangées autour de lui s'est éclairé pendant notre séjour sur rade et c'est dans un vaste cercle de points lumineux, véritable petite fête de nuit rééditée chaque soir que le navire évolue pendant une heure, tandis que là-haut, le panache de fumée du Vésuve, sinistrement éclairé par le reflet des feux intérieurs, vient nous rappeler que des scènes de mort restent en perpétuelle préparation à côté des scènes de vie débordante de la population napolitaine.

M. Prud'homme ne manquerait pas d'ailleurs de dire ici, et il aurait raison, que notre char « nautique » navigue sur des volcans : au point du jour le Stromboli est en vue. Si le Vésuve est une monstrueuse pièce d'artillerie terrestre quelque peu somnolente, le Stromboli, géant de mer qui se couvre incessamment de ses crachats de lave, est une pièce d'artillerie marine en pleine activité, et, plus loin, ce sera la maîtresse bouche de feu, l'Etna, qui s'imposera à notre vue.

Etranges contrastes de la nature et mystérieux desseins du Créateur ! Tous ces agents de mort excellent à donner la vie jusqu'au jour de leur colère. Nulle part le sol ne rend des fruits plus abondants, plus savoureux que dans ces régions chauffées par le double feu du ciel et de la terre !

Peu à peu les côtes de Sicile et de l'Italie se rapprochent : c'est l'annonce du détroit de Messine. A l'entrée se trouvent toujours les fameux gardiens de l'antiquité, Charybde et Scylla, dont les airs terribles font un peu sourire aujourd'hui : telles ces forteresses du moyen-âge, impressionnantes à l'œil et friables au canon.

Comme tout bon navire qui se respecte, l'*Equateur* ne prend pas garde à leurs passives menaces et s'engage résolument dans le canal. A droite et à gauche, Messine, Reggio, etc, étalent tout le long des rives leurs maisons ensoleillées. Les divers groupes tendent visiblement à se rejoindre et l'on peut prévoir le moment où le détroit prendra les allures d'un boulevard maritime.

Après une heure de navigation, le canal est franchi ; les rives orientales commencent à se dessiner. Même sol montagneux dont le relief puissant se prête à d'intéressants jeux de lumière ;

c'est toujours aussi la même série de hautes collines, mais vues par l'autre versant et c'est ainsi que nous arrivons à décrire plus d'un tiers de cercle autour de l'Etna qui commande le massif sicilien.

Les panoramas terrestres sont toujours bénis du voyageur nautique : il y trouve des récréations visuelles et des jouissances variées que ne peut donner la monotone pleine mer et c'est la monotone pleine mer qui nous sera maintenant imposée jusqu'à Alexandrie. Nous longeons bien l'île de Crète, mais à distance et presque totalement... la nuit. Au surplus, pour la façon dont elle a fait sentir son approche, nous l'aurions voulue bien loin : c'est elle, au dire de l'équipage, qu'il faut rendre responsable des mouvements désordonnés du navire, lesquels ont eu une fâcheuse répercussion sur nos estomacs.

Tout se calme avec le temps et un peu de philosophie : les flots en agitation comme les nerfs ou les viscères irrités. Lorsque nous approchons d'Alexandrie la mer est plate comme la côte d'Afrique qui nous fait face, et l'oubli des petites misères nautiques s'est fait en nous.

Alexandrie d'Antoine, de Cléopâtre, des saints des premiers siècles, tu es bien banale avec ta façade de grands docks et les monstres de fer alignés dans ton port. Le soleil est en outre devenu avare de ses rayons, et sans le soleil l'Orient n'existe pas.

Mettons pied à terre toutefois et voyons un peu ce qu'il y a derrière cette façade européenne. Avec ses maisons sans toits qui ne semblent pas terminées et sa foule bariolée qui grouille dans les rues, Alexandrie reprend vite ses droits de ville exotique ; mais elle est privée de personnalité. Les couleurs ne manquent pas ; c'est le mariage des couleurs qui fait défaut. L'Européen croise l'Arabe, et cela paraît une anomalie ; la maison occidentale coudoie brutalement l'orientale, on se demande pourquoi. Les éléments ne semblent ni fondus, ni nettement séparés ; on ne rencontre aucun de ces monuments anciens ou même modernes qui peuvent caractériser une ville, et l'on en arrive à se demander quelle impression l'on peut emporter de cet échiquier disparate.

En somme, avec le développement du trafic international, Alexandrie n'est plus un centre, mais une agglomération de frontière : l'Européen n'y est pas chez lui et l'Oriental, exproprié de ses habitudes séculaires, semble ne plus y être lui-même.

Vers quatre heures je prends le train pour le Caire. Il reste encore assez de lumière solaire pour examiner le Delta :

Toutes les grasses terres d'alluvion du Nil se sont mollement étalées en avant pour former ce fertile prolongement de l'Egypte. C'est plat, c'est humble, c'est verdoyant. Figurez-vous des polders de Hollande caressés par un soleil d'Orient et sur lesquels se profileraient quelques silhouettes de palmiers. Partout on rencontre des canaux d'irrigation ou de petites flaques d'eau : c'est le Nil qui se diffuse à l'infini pour apporter la fécondité, de telle sorte que, vers la fin de sa course, ce grand fleuve émietté ne se rencontre plus nulle part, pour ainsi dire, tout en se trouvant partout. Le Nil est tout à la fois d'ailleurs, le créateur et le bienfaiteur perpétuel de cette région : c'est lui qui a créé le sol par ses dépôts de terre, lui qui le dispute au désert, lui qui le féconde chaque année par ses apports d'eau et d'engrais. J'imagine qu'au temps des civilisations primitives disparues les indigènes devaient adorer le fleuve comme le bon génie nécessaire.

J'allais oublier un nouveau présent de ce fleuve « à tout faire » : c'est lui qui fournit presque tous les matériaux de construction. Les villages de fellahs que nous traversons sont bâtis en briques de limon séchées au soleil ; mais, par exemple, il faut avouer que ce n'est ni beau ni solide. Tous ces petits cubes de terre grise sans reflets ne prêtent guère à l'esthétique et, lorsque l'inondation survient, les matériaux fondent parfois comme par enchantement, pour retourner au fleuve qui les avait apportés.

Il y a peu de choses à dire sur les diverses parties du delta : tout étant sorti de la même cause, tout se ressemble. Vu d'un ballon, l'ensemble doit apparaître comme un vaste triangle absolument nivelé, très verdoyant, entrecoupé, çà et là, de canaux et de taches grises qui sont les habitations.

Vers sept heures du soir, j'arrive au Caire. Après avoir dîné dans les magnifiques jardins de l'Esbekich, je prends contact avec la ville européenne. Ma première impression est que je me trouve dans une Nice orientale : de vastes hôtels, des cafés qui regorgent de consommateurs, des magasins brillamment illuminés, des flâneurs d'Orient et d'Occident déambulant sans but dans la douce tiédeur du soir et toute une domesticité indigène, criarde, empressée, qui gravite autour de l'élément cosmopolite riche pour en tirer sa subsistance ; en résumé une ville encombrée, gaie au point d'en être fatigante, dans une nature engageante et douce.

24 décembre.

Après une excellente nuit dans un large

lit moelleux, où je prends ma revanche des étroites couchettes de bateaux, je me prépare à une promenade d'orientation et je jette à la fenêtre un regard satisfait d'avance. O stupéfaction ! Un ciel gris et bas, un demi-pied de boue dans la rue ! J'avais entendu tomber de l'eau pendant la nuit et confiant dans cette affirmation courante : « Il ne pleut pas au Caire plus de trois fois par an », je m'étais imaginé, moi naïf, que l'on faisait couler de l'eau d'une fontaine. L'affirmation courante reste vraie ; mais, hélas ! j'en étais à l'une des trois fois et l'illusion du robinet ouvert provenait tout simplement de ce que l'eau tombait plus fort.

Ah ! ça, apporterais-je donc la guigne avec moi ; il y a quatre ans, je suis allé dans ce pays de poussière qu'on nomme Athènes pour y voir tomber en huit jours plus de pluie qu'il n'en tombe dans une année ; aujourd'hui j'arrive au Caire pour y patauger dans la boue !

Et quelle boue ! Une pluie comme celle-ci prend au dépourvu les services de voirie du Caire, bien plus encore qu'une abondante chute de neige ne surprend ceux de Paris. Rien n'est organisé, et l'on compte avant tout sur le soleil et le sol qui finiront par faire disparaître toute cette eau.

A peine étais-je descendu dans la rue

que j'aperçois un cortège de femmes, la figure maculée de boue, criant, chantant, battant des mains, et, à la suite, une troupe de gavroches qui semblent s'intéresser beaucoup à l'aventure. Je crois avoir affaire à des folles ou à une manifestation de quelque armée du salut orientale. Je m'informe. Hélas! la femme aux allures les plus excentriques était une mère dont le fils venait de se tuer en tombant d'une terrasse. L'usage en Egypte est d'annoncer ainsi les deuils qui viennent de vous frapper. Pauvre mère! je m'en voulais d'avoir satisfait ma curiosité vis-à-vis d'elle et de ses compagnes.

En dépit de la boue je pousse une pointe jusqu'au Nil. Ici, du moins, le fleuve est à l'état d'unité, et l'unité vaut d'être vue; 400 mètres de pont à l'endroit le plus engorgé peut-être. L'eau roussâtre n'est pas belle; mais un fleuve historique et poétique comme celui-là a le droit d'être sale et de négliger les critiques d'un petit profane du xxe siècle après Jésus-Christ. Je reste longtemps à contempler ce Nil, si intimement lié à l'histoire d'un peuple célèbre et qui, après avoir vu tant de gloires et tant d'effrondrements, coule là, sous moi, avec la même imperturbable et inconsciente sérénité.

Quelques dattiers placés sur les bords

du fleuve lui donnent la couleur locale nécessaire ; mais le pont sur lequel je me trouve m'agace singulièrement. La métallurgie moderne a passé par là et elle a osé signer son œuvre « Etablissements de Fives-Lille ». Le khédive X, Ismaël sans doute, ayant fait venir des ingénieurs pour construire un pont, ceux-ci se sont dit qu'ils avaient à relier deux rives de façon pratique et solide. Peut-être a-t-on fait observer à messieurs les ingénieurs que c'était le Nil qui coulait entre elles ; mais messieurs les ingénieurs ont dû répondre péremptoirement que ni l'eau de ce fleuve ni la terre qui la supporte n'étaient, à leur sens, de composition spéciale et ils ont fabriqué un de ces jolis ponts à treillis sur lesquels passent nos chemins de fer occidentaux. C'est pratique, solide et affreux.

Le mauvais temps m'amène à changer radicalement mon programme. Où aller, dans ces pays de lumière, par un temps gris en haut, boueux en bas ? A toute époque, les musées ont été la providence des voyageurs en détresse. Allons au musée.

Les collections viennent d'être installées dans un édifice créé à souhait. Tout y est classé avec une précision, une méthode, une documentation parfaites. Le musée devient de la sorte le livre gigantesque dans lequel on peut le mieux lire l'histoire de l'Egypte antique : j'y ai pour ma part passé quelques heures très profitables à mon instruction embryonnaire. Quant au monument lui-même, on peut dire qu'il publie par son contenu la gloire des anciens rois d'Egypte.

Gloire sépulcrale toutefois. Si l'un de ces potentats pouvait revenir d'outre-tombe et visiter les collections, il ne manquerait pas de dire comme le héros de Barrière « Il n'est question que de notre mort ici » : on n'y voit guère que la mise en scène funéraire sous toutes ses formes.

Tous ces tombeaux, sarcophages, fragments de temple attestent un peuple fort, et les superbes bijoux exposés dans une salle particulière prouvent que ce peuple fort savait être habile, ingénieux et délicat.

Le musée est essentiellement composé des fouilles entreprises avec succès par Mariette Bey et Maspero, deux savants dont la France peut être fière à juste titre. Mais... il y a un mais, et je ne cesserai pas de le répéter de ma faible voix : la race des collectionneurs est terrible ! Qu'il soit savant ou badaud, qu'il rassemble des timbres-poste ou des documents utiles à l'humanité, le collectionneur tient à exhiber tout le fruit de ses trouvailles. Il y a là un amour-propre d'auteur auquel il ne peut échapper. Or, étant donné l'état des mœurs religieuses de l'ancienne Egypte, ce que la vieille terre pouvait y rendre surtout, c'était l'appareil de mort, tombeaux, objets funéraires, sarcophages, momies elles-mêmes. Tout cela ayant été trouvé, tout cela, au nom de la science, a été exhibé ! Eh ! bien, je me demande si la science n'a pas commis là une double impiété. Je ne vois pas bien ce que la science peut gagner à nous présenter sous verre la collection des Ramsès ou des Thoutmosis expropriés de leurs tombeaux alors qu'une ou deux momies suffiraient à nous fixer sur les procédés d'inhumation des Egyptiens.

Par contre, je vois bien ce que la religion du passé peut y perdre. L'évocation de ce passé est cent fois plus saisissante lorsque les choses sont vues dans leur cadre, à la place voulue par les auteurs et mesurée par l'histoire, que dans une salle de musée contemporain. Les pyramides ont été vidées : ne seraient-elles pas beaucoup plus intéressantes si, au lieu de rester de majestueuses mais simples enveloppes de pierre, elles avaient conservé leur destination effective de tombeau ? Et la pensée que le souverain reste inhumé sous ces pierres ne vaudrait-elle pas mieux pour la satisfaction de notre sentiment poétique que son exhibition cataloguée dans un lieu banal ?

On peut aller plus loin dans l'affirmation : Je suis persuadé que si les pyramides et le sphynx n'échappaient pas à cette manie de collectionneurs par leur masse et leur étendue, ils figureraient à l'heure actuelle dans ledit musée, sous prétexte de conservation. Vous imaginez-vous l'esthétique et la poésie que ces reliques du passé pourraient garder au centre d'une collection ? Le sacrilège se mesure-t-il donc à la taille des objets et cesse-t-il d'exister par le fait même qu'il peut être accompli ? Tous ces tombeaux parlaient éloquemment à nos yeux et à mon âme dans leur cadre naturel : ils n'excitent plus que ma curiosité dans ce cadre de conservation.

Voilà donc un premier attentat commis contre la religion du passé ; n'y a-t-il pas aussi attentat contre le culte des morts ? Trouverions-nous légitime et décent que de futurs savants étrangers vinssent arracher nos grands morts de leurs dalles funéraires pour les produire au nom de leur prétendue science dans quelque musée banal ? Alors de quel droit établissez-vous une prescription au détriment des rois d'Egypte, des prêtres et prêtresses d'Amnon pour les soumettre à l'appréciation, peut-être aux quolibets de nos contemporains ?

Je me vois encore, moi, petit folliculaire de Paris, entre un monsieur cossu qui était peut-être un marchand de salaisons de Chicago et quelque miss plus ou moins boulevardière de Londres, devant les chairs tuméfiées et racornies de Ramsès II. Ce n'était pas la peine que ce puissant monarque se fît construire à grands frais une dernière demeure indestructible pour devenir un article d'exhibition entre les mains des Barnums scientifiques.

Cette rage de collectionneurs constitue donc une véritable profanation et comme, tout compte fait, nous perdons nous-mêmes à ce jeu impie beaucoup plus que nous n'y pouvons gagner, je ne vois pas bien par quels arguments la thèse reste défendable.

Au retour, j'admire un joli effet de soleil couchant sur le Nil, les Pyramides et l'entrée du désert de Lybie. Voilà quelque chose qui ne peut tenir dans les griffes trop savantes des muséomanes à outrance. Nous avons des chances de le conserver.

Les rues sont un peu moins boueuses aujourd'hui, et j'éprouve une furieuse envie de voir le vieux Caire. Un pieux souvenir familial m'attire d'ailleurs de ce côté. L'un de mes oncles a fondé le pensionnat des Frères dans ces parages ; je ne suis pas fâché de vivre un instant dans le même milieu que lui et de retrouver les impressions produites autrefois par ses récits sur une jeune imagination. Je m'engage donc dans les quartiers indigènes.

Bien typique cette vieille ville ; un labyrinthe de ruelles tortueuses dans lesquelles ânes, chevaux, gens de toute couleur, cherchent et finissent par trouver leur voie. Partout l'on trafique ou l'on travaille : l'un dans la rue, l'autre dans sa boutique qui n'est guère que de la rue en retrait, portes, fenêtres et murailles faisant généralement défaut dans le jour. C'est ce qui existe notamment dans le bazar, la partie la plus turbulente du Caire. Là, toutes les boutiques sont béantes; ce sont les ruelles elles-mêmes qui restent fermées par le haut des maisons. Chacun se protège ainsi contre les ardeurs du soleil.

Toute cette partie du Caire est autrement intéressante que les vieux quartiers bâtards d'Alexandrie. La vie orientale, très diverse d'ailleurs, y bat son plein, sous les mélanges hétéroclites qui la défigurent en d'autres endroits.

Je me perds plus ou moins volontairement dans ces vieux quartiers pleins de couleur et comme on finit toujours par atteindre son but, même par le chemin des écoliers, j'arrive de la sorte, chose logique en somme, au pensionnat des Frères.

Près de 500 élèves de toute nationalité et de toute religion reçoivent là l'enseignement secondaire spécial. Après une visite en détail de la maison, le Frère directeur me retient à déjeuner. J'apprends par lui des choses intéressantes sur la situation des Français et des religieux en Egypte, situation toujours importante malgré les influences contraires que l'on sait, et je sens que pour un peu je me passionnerais en faveur des problèmes locaux exposés par mon interlocuteur. A mon tour j'apporte un écho des choses de France, toujours bien accueilli par des exilés, et je prends très cordialement congé de ces excellents religieux qui font du bien partout, à commencer par le pays où on leur veut le plus de mal.

J'avais eu tant de flaques d'eau et de boue à traverser sur la terre battue du vieux Caire que je me décide à prendre un âne, malgré le peu d'agrément que l'on éprouve à se fixer sur le dos de ce bon serviteur ; je n'ai plus à surveiller mes pieds, grâce à ce piédestal ambulant; j'en profite pour examiner à mon aise toutes les petites scènes de la rue.

A certain moment, je dois ranger ma bête et ma personne pour laisser passer un défilé. Impossible de demander une explication à l'ânier ; c'est un vieil Arabe taciturne qui ne sait pas un mot de la langue française et n'en dit pas davantage dans la sienne : sur deux rangs viennent des hommes graves, un livre à la main, puis d'autres portant des fleurs sur des plateaux d'argent, des vases de différentes formes, également en argent ; puis quelques hommes vigoureux soutenant à bout de bras un grand coffre peint et sculpté, je crois. Je comprends alors qu'il s'agit d'un enterrement. A la suite du mort, viennent enfin les femmes, la figure maculée, poussant des cris et faisant des contorsions de toute sorte. Trait de mœurs bien oriental : aussitôt le corbillard passé, comme il ne restait plus que les pleureuses, des femmes, mon guide poussait déjà son âne au milieu d'elles pour me faire de force un passage. J'ai toutes les peines du monde à retenir l'un et l'autre.

Quelques minutes plus tard, autre scène : j'aperçois des femmes entassées sans sièges sur deux charrettes, criant, gesticulant comme toujours. J'avise quelqu'un qui peut me renseigner. Il s'agit cette fois d'une noce arabe : la joyeuse charretée vient achever dans la grande ville les réjouissances commencées dans le village.

Tout ce peuple est décidément d'une exubérance déroutante pour un étranger: on gesticule, on crie à l'excès pour tous les actes de la vie,et cet excès même supprimant la nuance dans l'expression, uniformisant les attitudes, l'étranger qui voudrait se mettre en communion d'idées avec tous ces braves gens ne sait plus s'il doit rire ou pleurer.

Après maints petits incidents de route dans les ruelles encombrées, le cortège (l'âne, l'ânier.., et moi!) arrive à la colline des moulins à vent d'où la vue s'étend sur le Caire et sur les tombeaux des Califes. Je sors des petites scènes de genre très pittoresques, mais infiniment réduites et, tout d'un coup, me voilà transporté devant un magnifique spectacle d'ensemble. Le contraste double l'effet du tableau. A droite, le Caire, immense agglomération dominée sur une même ligne par les minarets et les coupoles des mosquées, tandis que vers l'autre partie pointent çà et là quelques timides clochers d'églises catholiques, étroit accouplement de deux cités et de deux civilisations pourtant séparées par un abîme! En face, la verdoyante vallée du Nil et les seuils jaunâtres du désert de Lybie pour fermer l'horizon, puis les pyramides, immenses bornes qui semblent marquer la limite entre ces deux grands espaces de vie et de mort; à gauche enfin la fière citadelle avec sa mosquée superbe et les tombeaux des Califes.

Ah! ces tombeaux des Califes! C'est d'eux surtout que je retiens l'enchanteresse vision! Il est cinq heures. Le soleil couchant qui éclaire médiocrement le Caire a réservé ses dernières et ses plus poétiques caresses pour cette partie du tableau. C'est admirable et fantastique tout à la fois. Les tombeaux des Califes sont une ville morte opposée à la ville vivante. Là se dresse une série de dômes et des minarets sculptés, encadrés de maisons silencieuses, gardiennes de la nécropole. Et toute cette pierre cuite et patinée par le temps, ces sveltes fusées des minarets mêlées aux robustes calottes des dômes léchées par les derniers tons de pourpre d'un soleil qui va mourir prennent des allures, des couleurs tellement étranges que l'ensemble ne paraît point appartenir au monde réel. Tout s'y grandit démesurément sous la poussée de l'imagination, tout s'y enveloppe d'un mystère favorable ; le décor est en harmonie parfaite avec la signification du lieu et les leçons de la mort s'en dégagent avec une impressionnante intensité.

Il est peu supposable que ces diverses suggestions aient influencé les architectes, au moment de la bâtisse ; mais à coup sûr le temps, par la mise au point des matériaux, le soleil couchant par ses rayonnements adoucis, l'isolement du lieu par le religieux silence qu'il apporte viennent admirablement compléter l'œuvre des artistes arabes.

Le défaut de temps m'empêche malheureusement de revenir ici à la même heure; de peur qu'un autre aspect ne gâte plus ou moins la magique vision actuelle, je veux la garder intacte dans mon souvenir en ne reparaissant plus ici.

Le soleil est tellement l'ami de cœur de ces belles régions que ses bouderies ne peuvent être de longue durée. Il fait un temps superbe ce matin, j'en profite pour me rendre aux Pyramides. Un tramway électrique les dessert, le mode de locomotion pèche un peu par l'anachronisme et la vulgarité, mais il est si commode que je n'hésite pas à l'employer.

La route est banale par elle-même. Il faut traverser la plaine où s'épanche le Nil : partout on rencontre la terre verdoyante entrecoupée d'arbres et de flaques d'eau. Le spectacle est à souhait pour les yeux altérés de fraicheur d'un enfant du désert; il est quelconque pour l'Européen des climats tempérés et ne prend de valeur que par son contraste avec le désert voisin.

En somme, nous nous trouvons ici dans les régions désertiques et la bande de terre verte que j'ai sous les pieds est l'accident heureux créé par le Nil. Partout où le fleuve bienfaisant a épanché son limon et son eau,la végétation se lève puissante. Au premier renflement du sol le Nil s'arrête impuissant et le désert recommence. La délimitation des deux zônes est nette, brutale, sans transition aucune ; on pourrait presque indéfiniment en suivre la lisière en foulant la verdure d'un pied et le sable de l'autre.

J'ai franchi la zône et voici que les Pyramides, visibles en partie depuis le point de départ, se dégagent tout entières devant moi. D'insupportables Bédoins me harcèlent aussitôt. Il faut se résigner, le voyageur est leur proie. J'en choisis un pour obtenir des autres une paix nécessaire, et dans mon désir d'accentuer la couleur locale je monte sur un dromadaire qui me secoue en cadence tout au long des Pyramides. Je passe ainsi devant les trois cônes gigantesques, le Sphynx, poste d'observation par excellence pour l'ensemble, le temple du Sphynx composé de superbes monolithes, des excavations funéraires dont les sarcophages et les momies sont au musée.

Le tour fait, je reviens seul en cherchant, le plus loin possible de la meute « cicéronienne » un peu d'isolement salutaire et, après un confortable déjeuner au Mena-House, l'hôtel de premier ordre voisin, — car il est conforme aux règles de la décence actuelle que tout site naturel ou artificiel soit flanqué d'un hôtel de premier ordre — je viens faire une troisième fois ma petite tournée des Pyramides.

Je les ai donc vues, revues, contemplées plus à loisir, et moi-même j'ai été me faire contempler par les 41 siècles qui se trouvent là-haut, paraît-il. Le moment est venu de dégager une impression de cet ensemble et d'essayer de raisonner cette impression. Bien des fois, j'ai entendu parler de la masse imposante des Pyramides, de l'idée de grandeur, de force et de beauté qui s'en dégage, Formulée en bloc de la sorte, l'affirmation est erronée, je me permets de le dire : il faut distinguer, essentiellement distinguer.

Qu'est-ce que les Pyramides ? Une carrière de pierres amenée de l'intérieur du sol à la surface, sous une autre forme géométrique. Est-ce beau ? Non. Est-ce laid ? Non plus. Est-ce grand ? Oui et non. C'est le colossal effort de la *fourmi humaine.*

Or, tout est comparaison dans la nature : lorsque la fourmi humaine, à l'entrée de ce vaste désert, près des larges ondulations de ce Nil puissant vient étaler au grand jour le résultat de ses efforts, elle a beau accumuler les pierres sur les pierres, chaque point de comparaison vient écraser son œuvre. Les Pyramides ne sont donc pas grandes à l'œil, puisque l'œil embrasse, en même temps qu'elles, d'autres lignes simples et puissantes. Sans doute, on objectera que vus de près, ces blocs doivent paraître imposants puisqu'ils s'imposent seuls au regard : il n'en est rien encore et c'est la forme *fuyante* propre à toute pyramide qui en est cause. Seule, la ligne de base, se présentant nettement dans toute sa longueur, accuse une importance capable d'impressionner ; mais, par malheur, ce n'est pas cela qui sollicite et retient l'attention. Si les rois d'Egypte ont voulu, par l'édification des Pyramides, jeter une sorte de défi à l'œuvre de nature, la tentative reste donc vaine, presque puérile.

Mais déplaçons le point de comparaison et rapprochons l'entreprise, non des créations naturelles, mais des autres œuvres humaines ; comparons la *fourmi à elle-même*, l'impression deviendra toute autre. Le contraste m'a paru surtout saisissant au cours de ma seconde visite. A quelques centaines de mètres du Sphynx, j'avais vu un groupe de Bédouins hommes et femmes rangés en cercle au milieu de pierres semées çà et là. Je m'approche et je m'aperçois que ces Bédouins sont en prière sur une tombe. J'étais dans un cimetière musulman actuel. Quelques pierres mal cimentées formant une petite protubérance sur le sol ; ailleurs des pierres plates ou dressées, de moyenne grandeur, le tout répété une centaine de fois. Voilà quel était ce cimetière : fait à l'échelle humaine habituelle. Or, ces Pyramides, que je continuais à avoir devant moi, qu'étaient-elles ? Des tombes aussi. Mais à quelle échelle cette fois ! Quel contraste ! Immédiatement donc la comparaison s'imposait, et l'évocation d'un passé puissant se faisait en moi. Je voyais les milliers d'ouvriers extrayant ces pierres énormes de deux mètres cubes et les élevant jusqu'à cent cinquante mètres de hauteur, et cet effort couronné de succès m'apparaissait prodigieux.

Je me disais bien que l'œuvre provenait sans doute de vanités royales qui voulaient se faire illusion sur la petitesse humaine et la fragilité de l'existence en s'imposant à l'attention des peuples par la disproportion même du tombeau. Mais si la conception était mesquine, l'œuvre ne l'était pas : à 10 lieues à la ronde elle affirmait la puissance du roi, et 40 siècles après, elle nous impose à nous-mêmes un souvenir qui serait éteint sans elle, elle rappelle et précise un passé glorieux, elle nous apprend qu'une civilisation bien antérieure à d'autres a pu leur survivre, et les domine par ses témoignages tangibles. Et tout cela me paraissait bien grand !

La distinction nécessaire me semble donc être celle-ci :

Ce n'est point par l'œil que les Pyramides s'imposent à notre admiration puisque, ni sous le rapport de l'esthétique, ni sous le rapport de la grandeur l'œil n'y reçoit satisfaction; mais bien par l'idée de puissance dans l'énergie dépensée, c'est-à-dire par le raisonnement; or il est toujours fâcheux que le raisonnement doive intervenir pour forcer notre admiration.

Le Sphynx, par contre, ne m'a apporté aucune déception. Cette tête énigmatique qui semble interroger l'espace est vraiment imposante, robuste, expressive et, différente comme elle l'est par sa conception, les points de comparaison ne peuvent être redoutables pour elle.

Je passe trop peu de jours au Caire pour vouloir essayer une étude de détail. J'aurais à craindre de noyer dans un chaos d'impressions le peu de profit intellectuel que je puis en tirer. Je me contente donc des choses classiques et des grandes lignes; mais je n'ai pas voulu partir sans jeter un coup d'œil sur les deux principales mosquées, celle du Sultan Hasan, monument le plus remarquable, paraît-il, de l'architecture byzantino-arabe, je me contente de citer en avouant mon incompétence, puis la mosquée de Mohamed Ali, nef splendide dont les colonnes et les revêtements sont en albâtre ; mais que la puissance de son architecture et l'harmonie de ses lignes suffiraient à rendre admirable.

Peut-être convient-il en terminant de dire un mot sur l'occupation étrangère au Caire. Elle est double : concuremment avec l'intervention militaire anglaise, toute masculine par conséquent, il y a certaine intervention féminine d'un autre ordre. Le caractère éhonté de la prostitution au Caire m'a singulièrement écœuré; tout le rebut cosmopolite des maisons de plaisir ou des boulevards s'y étale sans vergogne ; c'est pitié, au point de vue de la marche d'abord, au point de vue de l'esthétique ensuite, de voir déambuler en toilettes tapageuses toute cette chair humaine défraîchie qui ne demande qu'à se vendre.

Quant à l'occupation anglaise, elle est un autre sujet d'étonnement. Les soldats anglais, toujours sanglés dans leur uniforme, la calotte posée sur le coin de l'oreille et le stick à la main, circulent aussi gourmés, aussi fiers que si chacun d'eux était le premier soldat du monde. Les dernières leçons de guerre ont passé sur leurs têtes sans les courber d'une ligne, partout où se promène un Anglais, c'est le vainqueur mondial qui s'avance !

L'observation est d'autant plus piquante que l'Egypte est occupée par quelques milliers d'hommes seulement. Ils sont noyés dans l'élément indigène et l'on sent que cette masse n'aurait qu'à se resserrer un peu pour les broyer. Mais la masse se resserrera-t-elle ? On peut en douter. Le fellah est un être domestiqué par destination, il appartient à qui sait mettre la main sur lui.

Quant au khédive, que peut-il ? Rien ; je viens de le voir passer et il m'a rendu mon salut d'un air un peu las. Tout l'appareil militaire qui lui faisait escorte le désignait comme le souverain de l'Egypte; car les dominateurs ont assez d'esprit politique pour laisser au chef naturel du pays toutes les apparences décoratives de l'autorité ; mais la direction effective est derrière les fenêtres discrètes de la résidence anglaise, nulle part ailleurs.

J'ai vu passer également le représentant de la France, en calèche, avec ses deux *saïs* courant à l'avant de la voiture, le *cawass* sur le siège en grand costume, etc. C'était de grand effet. Je sais d'ailleurs qu'en Orient le prestige invétéré de la France survit partiellement à nos désastres et dans cette Egypte notamment, où notre race a tant semé, elle reste aimée de tous ; mais la faute politique de 1881 subsiste dans tous ses effets, notre chargé d'affaires ne peut rien contre elle.

Puisse au moins cette faute impardonnable que l'extrême gauche du Parlement français a imposée à la faiblesse de nos gouvernants comme à l'insouciance de l'opinion, devenir une leçon profitable à notre conception de la politique extérieure.

27 décembre.

Je m'embarque pour Port-Saïd, où je dois rejoindre mon compagnon de route, M Eugène Gallois. Voyage mixte par excellence, puisqu'il se compose par moitié d'un morceau du Delta toujours vert et aqueux et d'un morceau du désert toujours jaune et desséché. A Ismaïlia, petit centre improvisé à l'européenne dans un commencement de désert, je poursuis ma route par le chemin de fer à voie étroite de la compagnie, honnête petit railway qui fait gentiment ses 30 kilomètres à l'heure quand il ne déraille pas. Si l'accident se produisait il faudrait achever la route — plus exactement la distance, car il n'y a ni route ni sentier — sur l'échine à simple ou double bosse des messagers du désert, joli moyen pour manquer ses rendez-vous.

Fort heureusement nous arrivons sans encombre à Port-Saïd. La ville est sans caractère propre, comme il convient à une vaste hôtellerie internationale ; mais le port est intéressant. On sent que Port-Saïd est une étape nécessaire d'une des plus grandes routes maritimes du monde. Pas de voiliers, pas de barques, pas de navires côtiers. Rien que ces gros steamers mangeurs d'espace, qui ne se mettent en route que pour faire le quart ou la moitié de la calotte terrestre; puis, dans un bassin spécial, les bateaux charbonniers chargés de donner à ces monstres leur nourriture habituelle. Cet assemblage, fait à l'exclusion de tout mélange, traduit une impressionnante idée de force qu'on ne doit pas trouver dans beaucoup d'autres pays.

Le lendemain matin, je vois enfin apparaître le paquebot *la Ville de la Ciotat*, *primus inter pares* (6,600 tonneaux, s'il vous plaît et 7,200 chevaux), qui vient s'intercaler entre ses égaux et j'ai la grande joie d'y trouver M. Gallois. Un rendez-vous donné de Paris pour Port-

Saïd est toujours un peu scabreux ; aussi nous félicitons-nous mutuellement de notre exactitude.

O bonheur ! car la bête ne perd jamais ses droits, j'apprends que nous sommes l'un et l'autre détenteurs d'une cabine personnelle : j'avais eu la même chance sur l'*Equateur*. C'est onze jours de confortable assuré jusqu'à Bombay ; lorsqu'il s'agit de traverser une mer Rouge où l'on rôtit en hiver, la chose n'est pas de mince importance. La *Ville de la Ciotat* est un excellent marcheur : de plus on y trouve bon gîte, bonne table, des soins empressés, avec un luxe de bon goût par surcroît. Bon nombre d'Anglais se trouvent parmi les passagers, ce qui prouve que les compagnies françaises bien organisées comme celle des Messageries Maritimes peuvent lutter avec leurs rivales étrangères.

A midi nous levons l'ancre et nous engageons dans le canal. Le navire n'appartient plus à son commandant mais à un pilote de la compagnie de Suez : il est contraint de filer paisiblement 4 nœuds à l'heure au lieu de 15 ou 16, sous peine de démolir les bergeset sa propre carcasse. Autrefois la navigation était arrêtée pendant la nuit ; maintenant l'adjonction d'un puissant projecteur électrique à l'avant permet une circulation permanente.

Nous n'avons guère eu le bénéfice de l'innovation pour notre part.

Un gros bateau placé en travers du canal nous arrête net et nous repartons avec douze heures de retard.

Une sage lenteur continue à présider à la marche du bateau. Nous n'arrivons à Suez qu'en pleine nuit, mais après avoir admiré un magnifique coucher de soleil sur les lacs et le désert.

Aussitôt après Suez, la *Ville de la Ciotat* reprend ses ailes : nous filons à 15 nœuds 1/2. Mais hélas ! nous sommes dans la Mer Rouge, une large coulée d'eau placée entre deux déserts. La température monte terriblement, de sorte qu'après avoir commencé ces notes avec pardessus, pèlerine et couverture dans la Méditerranée, je les poursuis en m'épongeant le front sous les punkas (énormes éventails fixés au-dessus de nous) qu'un Indien fait constamment manœuvrer.

Une petite rectification à l'usage de mes pairs en ignorance au point de vue géographique : ne vous en laissez plus conter par MM. les professeurs qui vous parlent de mer rouge, mer noire, mer jaune, mers de toutes les couleurs. Tous les océans sont bleus à une même latitude : la mer rouge est magnifiquement bleue comme les autres. Peut-être en quelques parties mortes des bords, la présence du sable donne-t-elle aux eaux une teinte un peu roussâtre ; mais c'est tout, et il est étrange qu'il aît pu suffire d'une cuvette pour baptiser faussement un énorme bassin comme celui-ci.

La *Ville-de-la-Ciotat* marche à bonne allure pour regagner le temps perdu. Dans sa course oblique sur cette mer chaude, elle quitte insensiblement la côte africaine pour se rapprocher de la côte d'Asie.

Quelques petites îles détachées du vieux continent se profilent devant nous, voilà donc notre voyage asiatique qui commence. Car enfin, si quelqu'un est tenu de ne pas oublier le titre placé en tête de ces articles, c'est bien leur auteur. Or les lecteurs se sont trouvés jusqu'à présent aux prises avec un monsieur qui, sous couleur de les promener autour de l'Asie, vient d'aligner un kilomètre de phrases sur l'Afrique. C'est beaucoup pour les bagatelles de la porte ; mais quand cette porte a pour nom l'Egypte, il doit être permis, ce me semble de la considérer longuement. Qûe ce soit mon excuse.

Nous passons de nuit à Périm. C'est regrettable. Je n'aurais pas été fâché de voir les terres des deux continents se resserrer et former l'issue naturelle de cette bouteille, à deux goulots maintenant, qui est la mer Rouge.

Bientôt nous voici en face d'Aden. Aussitôt des chalands tout noirs et des barques blanches accostent le bord. Les chalands tout noirs, c'est le garde-manger du steamer. Tout y est noir, en effet: charbon, embarcations, déchargeurs. Ceux-ci, des Somalis mi-mègres, mi-arabes, bien débarbouillés par un savon du Congo quelconque, garderaient peut être la teinte marron brûlé, mais la houille a achevé de les noircir. Ils ne se distinguent plus guère de l'ensemble que par leurs dents blanches et leur agitation : c'est du charbon qui remue.

Quant aux barques, elles sont garnies de petites sangsues négrillonnes qui viennent sucer l'or de nos bourses, en échange de bibelots indigènes.

Ce n'est pas un des moindres attraits des longs voyages maritimes que ces grandes étapes mondiales. Leur espacement même fournit à l'observateur une revue ethnographique très nette, puisque les nuances, les transitions inséparables de tout voyage terrestre ne peuvent y figurer : de l'Européen de Marseille, nous arrivons tout droit à l'Arabe et au fellah d'Egypte, puis au nègre, plus tard à l'Indien, au Malais, au Chinois, ou Tcherchek, etc. C'est une promenade internationale au premier chef. A chacun de ses arrêts, elle nous fournit un échantillon de race nouvelle : quelques jours d'eau bleue pour chasser, digérer en quelque sorte la vision dernière, et c'est une vision nouvelle avec une autre échappée de civilisation qui apparaît.

Le résultat est très médiocre au point de vue de l'étude; il est très séduisant en revanche pour l'imagination et, lorsque le voyageur a le loisir de s'arrêter à sa guise, il ne semble pas douteux que de ces contrastes doivent se dégager et de fructueuses leçons et des observations pleines de saveur.

Contentons-nous, pendant les quelques heures passées à Aden, de l'agrément visuel présenté par le tableau. Par comparaison, avec l'agitation multicolore du Caire, il est, dans peu de mots, bien poussé au noir, ce tableau, puisque c'est une avant-garde nègre qui s'offre à nos yeux. Tous ces êtres humains qui travaillent ou trafiquent n'ont pour tout vêtement qu'un pagne autour des reins. Nous sommes dans le pays de l'écrasant soleil ; maïs il faut le plein soleil à ces cigales d'Arabie pour chanter et jouir de la pleine vie, et tandis que le poids du jour et de la chaleur nous affale sur nos chaises longues, tandis que M. Gallois, plus vigoureux, prend des croquis, tous ces braves noirs se trémoussent, bourdonnent, exprimant par leur face dilatée la joie de vivre.

Quant au paysage, nous le touchons des yeux, non du pied; car la distance est longue et la chaleur à terre menaçante; mais voyez jusqu'où va l'hypocrisie caressante de ce grand séducteur, le soleil: De tout temps la pointe d'Aden a été tenue pour une fournaise, un roc brûlé, sans végétation et sans eau. Pas un brin d'herbe, en effet, ne grimpe sur ces collines abruptes, pas un filet d'eau n'en descend et pourtant le soleil envoie sur cette masse rocheuse une lumière si franche, si gaie, si transparente, les contours s'en dessinent si artistiquement sur un ciel de toute pureté que le site est engageant. O mensonge doré de la lumière! Aden rime avec Eden, aujourd'hui, tout autant pour les yeux que pour les oreilles. Et Dieu sait cependant si ce prétendu coin de paradis terrestre n'est pas plutôt un morceaud'enfer redouté de nos résidents européens!

Aden est une rade naturelle qui pourrait abriter toutes les flottes de l'univers; Aden est une étape de la grande route qui mène vers l'Extrême Orient; Aden surveille le débouché de la Mer Rouge et fait de celle-ci une souricière. Donc Aden est anglais. Oh! bien entendu, toutes les nations peuvent s'y donner rendez-vous par leurs vaisseaux, et les gros steamers mouillés au large en sont la preuve ; mais soyez rassurés sur ce libéralisme intéressé. Il n'est qu'intermittent. Si les canons braqués aux divers étages du rocher restent muets depuis longtemps, ils ne demandent qu'à parler à leur heure pour le profit d'une plus grande Angleterre ! Il en sera de même à Port-Saïd et Suez, lorsque le moment du coup de force utile sera venu. Et c'est de la sorte qu'on fonde les bons empires ! Ainsi soit-il... un jour pour la France !

Lorsque la *Ville-de-la-Ciotat* a rempli sa triple cale, comme le chameau du désert ses trois estomacs, nous partons. La pointe d'Arabie se perd bientôt dans l'ombre du soir et nous nous noyons dans la pleine mer. Cinq jours de ciel et d'eau sans un bout de terre pour accrocher le regard ! C'est le moment de penser aux distractions du bord. La table des Messageries est excellente ; nous nous gavons, faut-il le dire ? comme des chapons au repos. M. Gallois fait de remarquables progrès aux jeux de la marelle et des anneaux, et moi j'y ajoute d'audacieux défis à la fière Angleterre sur le noble champ de bataille des échecs. Les séances de chaise longue et de rêveries complètent le programme de notre vie végétative. On n'est pas pour rien en Orient et sous son tropique.

LES INDES

7 janvier.

L'oiseau apportant à Noë la petite brindille verte, lui annonçait la fin du déluge. L'eau qui commence à jaunir nous annonce à nous l'approche du continent asiatique ; c'est la terre qui vient à nous sous forme de limon.

Bientôt nous apercevons la côte et en arrière la longue chaîne des « ghâts » improvisée d'abord, puis accusant peu à peu ses découpures : c'est tout un morceau de la grande péninsule indienne qui s'impose à notre regard avec la somptueuse façade de Bombay et sa rade au centre. Le spectale est imposant. Il le serait plus encore si le soleil projetait sa lumière sur l'ensemble du tableau et non sur nous-mêmes ; mais l'on ne peut guère demander au capitaine un retard de 6 heures sous prétexte d'obtenir une entrée sensationnelle !...

Je reconnais à peine mes compagnons

de route; presque tous ont revêtu la tenue coloniale avec le casque. Je les imite bien volontiers, car la chaleur devient très forte. Après une série de manœuvres au milieu de ses congénères au repos, la *Ville de la Ciotat* se range le long du quai.

Aussitôt la nuée des porte-faix indiens se précipite. Nouvelle note ethographique : les visages ne sont plus bruns ou noirs, ils deviennent cuivrés; les corps s'amincissent et s'allongent comme s'ils avaient été étirés à la filière, si bien que les petits hommes paraissent avant tout fluets et les hommes de haute taille bien plutôt longs que grands. De graisse, sur ces baguettes nues qui sont les jambes, on cherche vainement la trace et lorsque, par hasard, le bonhomme porte culotte, on a la vision de deux moignons s'agitant dans une draperie flottante. J'ai souvent entendu parler des famines indiennes et de l'état de décharnement auquel arrivaient les corps. Grand Dieu ! que peuvent-elles retirer à ces squelettes ambulants ? Cette caractéristique de corps maigres et allongés m'a absolument frappé et mon récit ne fait que traduire l'impression ressentie.

Quand au costume, celui des gens du peuple en général, il peut se définir d'un mot : un assemblage de loques. Figurez-vous trois ou quatre serviettes sales enroulées autour de la tête, du buste et des reins avec les solutions de continuité qu'il vous plaira ; ce n'est pas plus compliqué que cela. Parfois le buste est enveloppé d'une sorte de camisole ou de veston rudimentaire, mais la complication du vêtement ne va pas plus loin.

Le costume des femmes ressemble à celui des hommes, et, par cela même, la femme n'est aux yeux de l'observateur novice que la répétition de l'homme diminué. Mais la coquetterie féminine s'affirme assez par la couleur, le drapé, la ferblanterie ornementale, pour faire cesser bien vite la confusion.

Il n'y a d'ailleurs dans cette vision de la rue qu'une première impression cueillie au galop... du cheval qui nous entraîne vers le Great Westenn Hotel : je me propose d'y revenir.

Je ne recommanderai pas aux hôteliers européens la façade de l'hôtel précédée d'un portique grec à la Parthénon ; mais les chambres valent la peine d'une étude. J'examine curieusement celle qui m'est destinée. Tout d'abord une conclusion s'impose : l'habitation à Bombay est manifestement armée contre l'ennemi commun, la chaleur : cinq mètres de hauteur, double porte à prise d'air, persiennes à amelles indépendantes ; murs lisses de granit, moustiquaires, etc. En outre, et c'est celui qui mériterait les favorables méditations de MM. les hôteliers, chaque chambre, je l'ai dit, est munie d'un cabinet de toilette avec baignoire, lavabos, et toutes les commodités intimes que je ne veux pas préciser. Allez donc chercher cela dans notre doux et hospitalier pays !

Notre premier soin en arrivant à Bombay est de faire visite au Consul général de France. M. Vossion est un homme charmant, qui veut bien voir en nous non des protégés français d'un moment, mais des collègues de la Société de Géographie. Bien plus, M. Gallois a écrit 500 pages très documentées sur les Indes : son *labor improbus* a franchi les mers et nous nous trouvons là fort à point, l'auteur pour recevoir les délicats compliments du Consul général, moi... pour entrer par usurpation dans le sillage de gloire de l'écrivain.

A côté de M. le Consul siégeait un mince personnage d'antichambre, plus important que son maître dans l'espèce. C'était le boy du Consulat. Grâce à la bienveillance de M. Vossion nous nous abouchons avec lui. Il s'agit de faire venir de Pondichéry un autre boy qui écorche suffisamment diverses langues, y compris la nôtre, pour nous guider à travers les Indes. L'affaire se traite au mieux de nos intérêts et nous n'avons plus qu'à attendre paisiblement à Bombay les trois ou quatre jours nécessaires pour l'apparition de cette providence à deux pieds.

Comment employer ces quelques jours? La visite aux temples souterrains d'Elephanta est classique. Nous n'avons garde d'y manquer. Elephanta est une île autrefois habitée par des éléphants et placée au fond de la baie. Des chaloupes à vapeur frétées par les hôtels la desservent. Nous dédaignons ce mode de locomotion moderne et confions nos fragiles existences à une petite barque indigène. C'est plus lent et moins sûr, mais plus pittoresque.

Après deux heures d'une traversée qui nous trempe alternativement à babord et tribord, nous atteignons l'île. Une courte montée à travers de jolis échantillons de la flore tropicale, palmiers, bambous, cocotiers etc. nous mène à l'entrée des grottes.

Ces excavations faites à main d'homme dans un gigantesque bloc granitique sont d'un aspect saisissant. La grande salle a, paraît-il 40 mètres de profondeur, 26 piliers arrondis et cannelés dans la partie haute en supportent le plafond. La hauteur totale est de 6 mètres. C'est bien peu, et cependant l'impression de puissance qui se dégage de cette masse granitique est considérable.

Tous les blocs, toutes les sculptures sont de taille extra humaine et le visiteur, réduit à se prendre lui-même pour échelle, se sent écrasé. La nature n'est plus là pour opposer ses grandes lignes à l'œuvre de l'homme; tout au contraire l'écran de verdure, pourtant robuste, qui se profile en avant des ouvertures, sur le fond lumineux du ciel, apparaît singulièrement amoindri. L'effet de puissance n'est donc pas contestable.

Pour être sincère, il faut reconnaître qu'au sortir du souterrain, la belle et grande nature reprend tous ses droits et le cirque montagneux de la baie, empourpré par le soleil couchant, nous apparaît plus imposant encore qu'à l'arrivée; mais l'un des tableaux n'est point pour diminuer l'autre, à proprement parler, puisque les deux visions restent séparables.

9 janvier.

Je me familiarise avec le spectacle de la rue et commence à démêler un peu l'écheveau humain qui s'y agite : Bombay, comme les cités prospères assises au bord d'un Océan est, un rendez-vous de peuples : voici l'Indou, loqueteux, nu-tête et le babou ventripotent, tout de blanc vêtu et le chef orné d'une calotte richement ornementée ; la femme indoue, chargée de lourds ornements d'argent, chaînes volontaires qui enserrent ses pieds et ses mains, percent ses oreilles et souvent même ses narines ; des adorateurs de diverses divinités hindous qui portent sur le front ou les joues le symbole peinturluré de leur foi ; des musulmans à la figure grave ornée de turbans verts, blancs, rouges, suivant qu'ils reviennent de la Mecque ou d'ailleurs ; leurs femmes, très rares d'ailleurs et complètement invisibles sous la housse de soie ou de coton ; enfin les Parsis, l'un des éléments les plus caractéristiques de Bombay, avec leur coiffure en toile cirée, sorte de mitre étrange qui se pose souvent sur un autre couvre chef.

C'est du reste la coiffure qui est presque partout l'élément distinctif et pittoresque de la toilette. Il n'en est pas tout à fait de même de la chaussure, attendu que les neuf-dizièmes de la population sont nu-pieds.

Faut-il ajouter à cette mosaïque l'Européen flâneur en costume blanc, kaki ou noir ; l'Anglais, militaire ou civil, qui promène sa morgue et sa fausse gravité dans ces pays du soleil, ni plus ni moins que sous les brouillards de la Tamise ? Si cela n'enrichit pas beaucoup le tableau cela contribue encore à l'augmenter. Et notez que dans cette revue de types et de couleurs, j'omets bien des éléments inconnus de mon inexpérience !

Si le costume trahit la race tout autant que le visage, il est logique que l'habitation, ce vêtement extérieur de l'homme, fournisse les mêmes révélations. Toutes, il est vrai, semblent avoir un point commun, comme je le disais au début : la lutte contre la chaleur ; mais ce point de rencontre excepté, que de différences !

Je n'entreprendrai pas une description qui dénoterait mon impuissance sans renseigner le lecteur. Je me contente de signaler par un mot l'impression d'ensemble que semblent dégager les façades de la ville indigène, à travers toutes les nuances qui les caractérisent : des murailles polychromes, percées de trous comme des écumoires, et ces trous, les fenêtres, apparaissant comme les innombrables vomitoires par où se serait écroulé tout le peuple bourdonnant de la rue !

Comment ces casiers humains qui pourtant ne doivent pas être vides peuvent-ils fournir une telle cohue déambulante C'est encore un autre problème que je ne me charge pas d'expliquer : à chacune de nos sorties en voiture, il nous semble que nous ne reviendrons pas à l'hôtel sans avoir écrasé 5 ou 6 de nos congénères cuivrés.

La ville anglaise fait immédiatement suite à la ville indigène. Quelques pas suffisent pour passer d'un continent à un autre. C'est à se demander si les matériaux n'ont pas été importés d'Europe, et si le soleil n'imposait pas son éclatant démenti, on pourrait se croire transporté dans les Iles Britanniques. C'est un incroyable et somptueux mélange d'édifices pseudo-hindous, pseudo-persans, pseudo-mogols, battant neuf et suant le mensonge. La critique est bien sévère peut-être, car certains de ces édifices représentent un gros effort architectural; mais cela déroute et l'on en veut aux constructeurs de vous avoir déconcerté de la sorte.

Ce qui achève surtout de troubler l'œil et l'esprit, c'est l'intercalation dans tout ceci des façades gothiques si fort à la mode en Angleterre. Elles agacent là-bas par leur manque d'esthétique, leur répétition, leur banalité. Et pourtant le climat brumeux de l'Angleterre convient à ces pierres faites pour les ombres mystérieuses et les pleurs du ciel. Jugez alors de l'impression produite sous le ciel étincelant des Indes! Cela suffit à gâter le voisinage, et je me demande si l'Hindou ne porte pas en grande partie la peine de ce malencontreux gothique.

10 janvier.

Nous nous rendons aujourd'hui à Malabar-Hill. On sait que les Parsis, disciples de Zorcastre ne veulent pas souiller la terre de leurs restes mortels ; c'est pour éviter cette souillure qu'ils livrent aux vautours les corps des défunts.

Or, les fameuses « tours du silence » où les corps sont exposés, occupent le sommet de la colline. Une carte spéciale nous permettra, non de pénétrer dans les tours, interdites aux Parsis eux-mêmes, mais dans l'enceinte réservée. Ces tours sont de grandes cuves de pierre peintes en blanc à l'extérieur. L'intérieur est occupé par trois rangées de cases concentriques et disposées en plan incliné. Dès qu'un corps est déposé sur l'une des dalles, les hôtes familiers de l'endroit, les vautours, s'abattent sur leur proie, de sorte que l'inhumation se fait à petites doses dans l'estomac de ces estimables oiseaux. Le principe religieux est sauf : la terre ne sera pas souillée ! Je demande pardon pour ces détails répugnants ; mais le culte des morts chez les Parsis ne pouvait être passé sous silence.

Dès notre entrée dans l'enceinte réservée, les tours nous apparaissent, lugubres à l'esprit, presque gaies à l'œil par leur coloration blanche et la verdure qui les accompagne. Mais, sur ces tours, alignés comme à la parade, repus, alourdis par leurs repas monstrueux, les vautours se profilent sur le ciel comme une crête fantastique. Sur les arbres voisins, d'autres vautours, par groupes sympathiques de cinq ou six, se prélassent également dans l'attente de quelque nouvelle aubaine. C'est horrible, et pourtant l'étrangeté du spectacle, comme un aliment malsain, nourrit l'imagination du visiteur et la retient captive. Il convient de dire que les Parsis ont entouré le spectacle de toutes les séductions de nature. Un parc très soigné enveloppe les tours et l'horreur de la scène se perd un peu dans l'amabilité du cadre.

Est-ce un bien ? Oui, assurément pour notre sensibilité ; mais la contradiction est flagrante et la leçon de mort ne se dégage plus que d'une façon confuse.

Tout est contradiction d'ailleurs dans ce lieu. Les Parsis en ont fait choix jadis parce qu'il se prêtait mieux sans doute à la solennité religieuse ; mais la colline est charmante, elle est même le point le plus agréable de toute la baie : les Anglais en ont fait choix à leur tour pour y bâtir les plus jolies cottages, de sorte que la voiture de maître y croise journellement le corbillard, et que tout l'appareil de la vie la plus luxueuse y coudoie perpétuellement l'appareil de mort le plus sinistre. C'est vraiment bien étrange ! Nous descendons la colline à travers des castels anglais, des jardins princiers et il suffit de jeter un coup d'œil en arrière pour apercevoir quelque vautour nécrophage.

Nous continuons à descendre et voici que de riches Parsis avec leurs femmes et leurs filles drapées d'une façon ravissante nous croisent tout au long de cette promenade, leur Bois de Boulogne. Et les futurs tombeaux de ces belles créatures sont là qui voltigent lourdement dans les airs, à quelque cent mètres de distance. Etrange ! Etrange !

11 janvier.

Le bon libérateur qui doit nous « ciceroner » dans la péninsule vient d'arriver de Pondichéry. Par une singulière antinomie, ce modeste serviteur a nom Cheick-Sultan. Comme ce cheick et ce sultan ne tirent pas vanité de leurs titres, tout va bien. Je ne suis pas fâché d'ailleurs de quitter Bombay. La peste, qui est à l'état endémique dans ce pays, vient d'avoir un bien fâcheux réveil : les journaux accusent vingt-cinq décès par jour, mais on a bien soin de me dire que les journaux pratiquent en ces matières l'optimisme officiel, c'est à-dire le mensonge. Le chiffre des morts se serait élevé à plusieurs milliers depuis une semaine pour le district, et le mal tend à se génér liser dans les Indes.

La peste soit de cette peste malencontreuse qui ne peut qu'empoisonner un voyage de plaisir, en attendant qu'elle empoisonne peut-être le voyageur lui-même. Et j'avoue que, précisément, le fait de courir le monde pour mon agrément n'est pas sans me retirer quelque force de caractère : la notion d'un devoir à accomplir me rendrait plus vaillant. A la grâce de Dieu : le vin du voyage est tiré, il faut le boire !

Nous terminons notre visite de Bombay par une promenade au jardin Victoria. La flore y est superbe et nouvelle pour moi. Malheureusement la grande ville a saupoudré de sa poussière toute cette végétation luxuriante et l'impression nécessaire de fraîcheur est quelque peu absente.

Et maintenant en route pour l'intérieur des Indes. La voie de fer va remplacer la voie de mer pendant 3,000 kilomètres.

Pour l'atteindre, nous nous rendons au Palais Victoria ; je n'ose appeler gare, en effet, l'édifice en marbre rose le plus somptueux de tout Bombay. Tout est nouveau pour moi dans cet étrange pays, tout y est donc matière à l'observation. Comme ses semblables, la caisse roulante dans laquelle on nous installe est garnie de 2 banquettes longitudinales très confortables ; au-dessus sont repliées contre la paroi 2 banquettes semblables. Si le compartiment ne reçoit pas plus de quatre locataires, chacun d'eux aura donc à sa disposition une véritable couchette pour la nuit. C'est le cas habituel, et le voyageur indigène y compte si bien qu'il emporte pour la nuit, non pas une couverture, mais une literie de voyage. Toutes les commodités de la toilette sont à notre disposition ; enfin, comme le chien fidèle auprès de son maître, chaque boy est niché dans un compartiment spécial voisin. Le remède contre la chaleur a été prévu comme le reste : la toiture et les parties supérieures latérales sont revêtues d'un capuchon en bois, vaste parasol séparé de la caisse par un couloir de 20 centimètres dans lequel l'air se renouvelle constamment. Voilà donc une installation parfaite et ce n'est pas sans une certaine joie que nous en escomptons le profit.

Notre première étape devait nous mener près d'Ellora, véritable musée d'antiquités hindous. Les localités passées à l'état de musées antiques ne sont pas précisément des centres d'hospitalisation ; mais l'Anglais pratique, qui a si bien résolu le problème de l'installation mobile, ne pouvait négliger celui de l'installation fixe. Ces gens-là mettraient du confortable jusque dans le paradis, s'il en était besoin. Partout où l'hôtel fait défaut, le gouvernement a fait dresser d'office des bungalows.

Le bungalow est une petite hôtellerie où, pour une somme modique, un gérant contrôlé vous loge et vous nourrit : lit de sangle, cabinet de toilette, aliments peu variés mais bons et beaucoup de propreté gratuite par surcroît. C'est dans un bungalow que nous abritons notre première nuit de voyage, et, ma foi l'expérimentation, avec sa petite saveur d'inconnu, ne me déplaît pas autrement.

Le lendemain matin, nous prenons une « tonga » pour nous conduire à Ellora. Vieillerie indienne cette fois, mais autre nouveauté pour un Européen. Décidément, je fais connaissance d'un seul coup avec tout l'appareil de locomotion de la péninsule.

La tonga est une petite voiture à deux roues, toiture bombée, sièges adossés, timon mobile et large joug transversal. Elle est ordinairement traînée par deux zèbres, petits bœufs à bosse qui promènent d'un pas lent l'indigène indclent.

Lorsque l'indigène indolent est remplacé par l'Européen, lequel compte le temps pour quelque chose, les zèbres sont eux-mêmes remplacés par des petits chevaux du pays.

C'est ce qu'on fait pour nous. La promenade ne va pas sans soubresauts. Mais les cahots indiens ne ressemblent pas à ceux de Paris... puisqu'ils sont indiens et cette seule différence suffit à l'étranger novice pour qui tout est beau parce que c'est nouveau.

La journée d'ailleurs est délicieuse : une atmosphère tiède et légère, très reposante après les lourdes chaleurs de Bombay, un ciel transparent sur lequel les collines ensoleillées dessinent avec vigueur leurs contours, une campagne riche et pauvre par alternances, mais sur laquelle la lumière déverse un même mirage enchanteur. Les pluies d'avril ou les chaleurs de juillet conduiraient tout autrement ma plume, je suppose; mais c'est janvier qui règle la mise en scène, et la scène est très souriante.

Voici la forteresse de Daulatabad qui dresse d'un seul jet devant nous sa masse de pierre. La nature avait édifié un gigantesque nid d'aigle dans la plaine : l'empereur Mohammed Toglouck a aménagé le nid suivant ses convenances belliqueuses.

Tout le cône est devenu une machine de guerre formidable. La base du rocher est coupée verticalement jusqu'à vingt mètres de hauteur, de sorte que l'ensemble représente assez exactement la grande pyramide d'Egypte posée sur un vaste socle. Neuf enceintes plus ou moins bien conservées protégeaient l'ex-résidence impériale. C'est un colossal travail de maçonnerie pour les parties en relief, un non moins colossal effort de terrassement pour les parties en creux, puisque les fossés sont pris dans la masse du roc.

A l'heure actuelle la forteresse est une ruine puissamment robuste et surtout décorative. Elle se défend très bien contre les injures du temps. Se défendrait-elle aussi bien contre des assaillants modernes ? C'est tout au moins l'avis du maha raja. Lorsque nous pénétrons dans la première enceinte, de farouches guerriers du Nizzam sont occupés à la manœuvre du canon : des canons de l'avant-dernier siècle qui ne sont pas là pour rire, pas plus que leurs servants. Par une singulière coïncidence d'ailleurs, les visiteurs ont en général l'heureuse chance d'assister à la même grande répétition d'artillerie. Quelques sceptiques prétendent même qu'il y a là un « bluff » indien, une manœuvre qui en provoque une autre. Dans tous les cas, on ne badine pas avec ces choses-là dans le Nizzam ; car on vient de nous retirer nos allumettes par mesure de sûreté.

Nous atteignons le sommet au prix de 500 marches boîteuses. De là-haut les ruines attestent mieux encore leur grandeur et le plan général s'accuse. La forteresse servait en somme de point d'appui à deux enceintes habitées ; quelques édifices, la mosquée entr'autres, sont encore debout et montrent ce que peut réaliser le caprice ou le génie d'un omnipotent.

Une heure de tonga et nous voici à Roza, cité déchue dont les habitants trop à l'aise me font penser aux défroques de grandes personnes portées par des enfants.

Le présent d'ailleurs ne compte pas dans ce pays ; toutes les belles choses ap p rtiennent au passé,et ce passé lui-même se dédouble. C'est ici que les grands empereurs mogols ont marqué la forte empreinte de leur passage ; mais c'est ici également que, douze ou quinze siècles plus tôt, l'histoire religieuse de l'Inde fut le plus éloquemment écrite sur la pierre.

La tonga vient de nous ramener des cavernes,et je suis encore tout abasourdi de ce que j'ai vu. L'enchanteresse vision commence par le temple de Kaïlas, et c'est peut-être fâcheux : ce temple est le plus mirifique, la gradation ascendante fera défaut ; mais quel coup de théâtre et quel conte des Mille et une nuits ! A un détour de route et sans que rien l'ait pu faire deviner, le gigantestesque bloc sculpté apparaît tout d'un coup à nos pieds : figurez-vous une tranche de colline coupée à pic sur une longueur de 100 mètres et une largeur de 50. Voilà la gaine, disons plutôt l'écrin, car il s'agit d'un bijou. L'enveloppe n'est pas belle : aucun ornement ne pare cette falaise à pic ; elle n'est que puissante et c'est précisément le seul caractère qui lui convenait. Tout autour, à l'intérieur, sur une largeur de 7 à 8 mètres, le terrain a été déblayé. Comme ce terrain n'est que de la roche, appréciez la somme de travail qu'une telle excavation peut représenter. A cette limite, commencent le temple et les chapelles ; mais pour pouvoir être habités, ces locaux doivent être creusés à leur tour. C'est, à rebours, l'histoire du trou autour duquel on met le bronze du canon.

Jusqu'à présent les carriers ont été seuls à la besogne, une besogne qui doit représenter quelques millions de journées de travail. Au tour des architectes et des sculpteurs maintenant; intérieurement et extérieurement, le bloc se dégage, les colonnes montent, les chapiteaux se dressent, les pyramides de toits se dessinent et tout cela se couvre de moulures, d'ornements, d'attributs. Tout ce que l'imagination peut créer non de couleurs, mais de formes et de motifs sculptés, semble se trouver là. C'est le rêve oriental réalisé.

Mais, dira sans doute l'Occidental façonné à la froide architecture du Nord, tout cet ensemble doit être criard et de mauvais goût à force de surcharge. A distance, cette objection eût été mienne. J'ai vu, et ma conception de l'art hindou a changé. Je ne nie pas que l'œuvre ne puisse gagner à la suppression de certains détails étranges ou parasitaires; mais elle est belle, très belle. La conception n'est pas de mauvais goût, elle diffère du nôtre. L'exécution n'est pas chargée, elle est riche. Assurément les imaginations qui ont enfanté une œuvre de ce genre étaient luxuriantes, mais une saine notion de l'esthétique, indice précieux de l'équilibre des facultés, présidait à tout cela : toute cette richesse architecturale ou sculpturale se répartit logiquement, rationnellement sur les murailles et les pylones. N'y a-t-il pas, d'ailleurs, une évidente conception d'art dans le nu absolu de l'enveloppe opposé à la profusion décorative de l'édifice même ?

Des artistes décadents n'auraient pas manqué d'historier par le ciseau le gigantesque entourage. Ici rien. Rien que l'idée de puissance conservée par l'absence d'ornementation et, suivant une heureuse loi des contrastes, l'œil qui peut-être se fatiguerait à la longue d'interroger ces murailles trop parlantes de l'intérieur, trouve toujours à se reposer sur la simplicité des autres.

Je me sens presque incapable de dégager nettement même l'impression produite sur moi par cette œuvre déconcertante; à plus forte raison, ne puis-je songer à la faire revivre aux yeux du lecteur par une description quelconque. Je tiens seulement à bien faire remarquer que dans un monolithe on a pu édifier trois salles dont l'une a son revêtement à trente mètres de hauteur, deux éléphants gigantesques et deux pilônes sculptés de vingt mètres. En outre, la falaise créée artificiellement est bordée dans le bas par une série d'arcades sculptées avec d'autres grandes salles en retrait. Le tout représente un travail de cyclopes, mais de cyclopes de génie.

Je me bornerai à signaler le monument qui m'a le plus frappé. S'il fallait les décrire tous, un volume y suffirait à peine : il y a là 32 grottes d'inégale importance, mais dont la moindre représente un gros travail et trahit des velléités artistiques. C'est inouï. Toute la colline a été fouillée, percée, sur un espace de 2 kilomètres pour recevoir ces divers temples. Elle est ainsi devenue la montagne sainte et en même temps la tour de Babel des religions de l'Inde, car tout l'Olympe brahmano-boudhique y a ses autels.

En passant cette pieuse et gigantesque revue, une comparaison s'établissait dans mon esprit entre la forteresse de Mohamed Taglouck et le spectacle que j'avais sous les yeux. Dans l'édification de la forteresse (ou des Pyramides d'Egypte, etc) on sent le grand manieur d'hommes qui concentre tous les efforts sur un but unique, sa glorification personnelle, presque toujours. Dans le travail de taupe d'Ellora on a l'impression d'une œuvre concurrente entre diverses collectivités humaines, chacune s'efforçant par amour-propre d'éclipser ses voisines.

Comment expliquer cette foire aux temples si l'on n'admet pas, par exemple, que chaque tribu voulait être représentée là et produire son chef d'œuvre à elle, comme le faisaient les corporations d'autrefois ? Résultat : 32 séries d'efforts aboutissent à 32 œuvres, là où le potentat eut fait une œuvre unique et maîtresse.

Ceci n'est pas, à proprement parler, une

critique ; pourtant une certaine lassitude s'empare de l'esprit vers la fin de la visite et l'on se prend à regretter que la répétition de certaines petites choses n'ait pas concouru à l'édification d'une grande. Pour ma part je me suis efforcé de fixer quelques points lumineux dans mes souvenirs, en dirigeant toute mon attention et mes sympathies sur les principales excavations.

Au retour, nous visitons le tombeau d'Aureng-Zeb à Roza. Aureng-Zeb fut le plus puissant monarque mogol et le fils de Shah-Jehan, qui perpétua le souvenir de sa femme et le sien par un tombeau de 10 millions, le fameux Taj Mahal. Or Aurengzeb est enterré sous un simple tumulus de terre où croît une petite plante des champs. Quelle put bien être la pensée dernière du grand empereur ? Protestation contre le gaspillage paternel, désenchantement des choses de la terre, affichage d'une orgueilleuse modestie... ou modestie réelle ? C'est bien étrange, en tout état de cause, chez un Louis XIV musulman.

Les grandioses excavations d'Ellora nous ont mis en appétit de travaux souterrains. Nous tombons d'accord, M. Gallois et moi, pour faire un nouvel accroc à notre programme et nous mettons le cap sur Ajunta.

Après une nuit sans sommeil qui s'émiette dans une salle d'attente près d'un gros Parsi ronfleur, puis le long des quais au milieu d'Indiens qui chantent, puis, sur la banquette trépidante du train, nous allons nous reposer enfin dans la contemplation des belles choses qui nous ont attirés. Hélas ! nous avons compté sans notre hôte nécessaire : la tonga. Pas plus de voiture que sur l'Himalaya ! ou du moins rien qu'une de ces petites carrioles à zèbres dans lesquelles on dévore l'espace à raison de cinq kilomètres à l'heure. Nous renonçons à notre projet. Et comme le chemin de fer chôme jusqu'à ce soir, nous voilà bloqués dans un trou. C'est l'ombre au tableau de tout voyage, ombre toute morale, car il n'y a pas un coin d'ombre dans cette fournaise.

La journée n'a pas droit au caillou blanc des Athéniens. Echoués dans un bungalow de dernière classe, piqués simultanément par le soleil et par les mouches, nous passons une douzaine d'heures à contempler une campagne plate et les huttes en torchis du village voisin. C'est maigre. Mais patience, dans dix-huit heures le chemin de fer nous aura transportés sur les rives chantées par les poètes de l'Inde.

En attendant cette terre promise, j'examine curieusement celle qui défile sous les roues de notre wagon : curieusement, car toute chose nouvelle retient l'attention du voyageur, mais non avec plaisir.

Cette partie de l'Inde borde Radjpoutana, désert où poussent les beaux marbres blancs, mais non la belle végétation ; elle est généralement monotone et peu fertile. Peut-être à l'époque de la moisson cette terre avare découvre-t-elle ses trésors ; mais à coup sûr elle excelle à les tenir cachés pour le moment.

Enfin voici la Jumna, que le chemin de fer enjambe sur un pont de 400 mètres. La Jumna serait un beau fleuve d'Europe. Elle n'est ici qu'une rivière, et le Gange dans lequel elle se déverse n'est lui-même qu'un affluent du Brahmapoutra.

Dame ! ce sont des filles de l'Himalaya, elles tiennent de race. Je dois à la vérité d'ajouter que si la Jumna est une grande et belle personne, elle s'est fait un lit d'enfant dans son propre lit : sur 400 mètres nous apercevons à peine cent mètres. d'une eau calme qui s'attarde paresseusement sous nos pieds. A la prochaine mousson l'ordre des facteurs se renversera et le lit sera trop petit pour une rivière devenue trop grande.

Le train s'arrête. Agra : 4 jours d'arrêt... pour nous. Une ville qui fut un moment la capitale des empereurs mogols vaut bien une visite prolongée. C'est là que sont les palais d'Akbar et de Shah Jehan, ainsi que leurs tombeaux.

L'étranger n'a guère besoin de guide pour orienter sa marche vers de tels monuments : les mogols habitués à faire grand ont bâti sur un patron tel que leurs édifices s'imposent partout à la vue.

Nous nous rendons au fort et aux palais. Cet ensemble de constructions est assis sur un tertre qui domine la Jumna. Une ceinture de murailles crénelées hautes de 15 mètres circonscrit l'enceinte sur une longueur de 1,500 mètres environ et c'est en partie sur cette seconde masse artificielle que sont édifiés les palais. Voyez quelle peut être l'importance du plan !

L'appareil guerrier de l'enceinte extérieure commande surtout l'admiration. Tout y semble extra humain : les portes monumentales, le relief des tours, les sculptures vigoureuses, la taille et l'épaisseur des matériaux et jusqu'à ce grès rouge si chaud de ton qui donne à l'ensemble la quasi-apparence d'une forteresse sortie flamboyante et toute armée des entrailles d'un volcan monstrueux. Assurément la raison ne souscrit pas à une telle donnée de l'imagination ; mais le fait que cette étrange conception puisse se présenter un instant à l'esprit n'est-il pas significatif ?

Sans quitter le domaine du vraisemblable, on peut affirmer, tout au moins, que la forteresse semble toujours prête à écraser la ville de son poids formidable. Ah ! ces empereurs mogols savaient inspirer une terreur profitable à leur domination et j'imagine que bien souvent la simple vue du décor dut suffire à réprimer les velléités de révolte.

L'intérieur du fort ressemble aux citadelles sarrazines, de même que celles-ci correspondent assez bien à nos forteresses gothiques, à la condition de doubler l'ensemble et de remplacer la pierre grise par le grès rouge.

Par des chemins de ronde qui suffiraient à desservir une petite ville, nous arrivons aux palais et aux mosquées ; car il y a tout cela dans ce fort. Ici nous tombons dans le détail, et je ne puis entreprendre une monographie dont le développement m'entraînerait beaucoup trop loin. Pour mettre un peu de clarté dans l'esprit du lecteur, il me faudrait d'ailleurs supprimer tout d'abord la confusion du mien. Je suis passé sous tant d'arcades et de portes sculptées, de couloirs et de cours à parements de marbres incrustés qu'un labyrinthe de marbre et de grès rouge a pris un peu, dans mon souvenir, la place des palais ; or, ce que l'on ne conçoit pas bien ne s'explique pas clairement, aurait dit Boileau. Je renonce à l'entreprise.

J'ai seulement retenu une double notion d'ensemble : un palais ancien, celui d'Akbar et de Jehanghir, tout en grès rouge, tantôt peint, tantôt sculpté, de robuste allure et s'harmonisant bien avec la forteresse, puis le palais de Shah Jehan, tout en marbre blanc, s'harmonisant très bien avec... lui-même sinon avec les autres constructions.

Ce qui rend la description assez difficile, c'est que ces édifices, taillés en plein drap, poussent à droite et à gauche des pointes déroutantes, au lieu d'être ramassés sur eux-mêmes comme nos édifices d'Europe. Je me suis donc laissé conduire, admirant tour à tour les voussures d'une salle de réception, les festons d'une porte, le développement d'une cour à arcades, la perspective d'une terrasse plantée sur la Jumna ; puis, m'intéressant aux particularités du lieu : fossés où se livraient les combats de tigres et d'éléphants ; cour aux dalles de marbre formant un échiquier colossal, au sens absolu du mot, puisque des femmes esclaves, diversement parées, y figuraient en chair et en os les pièces du jeu ; cellule où Shah Jehan, bâtisseur du palais, devait trouver sa propre prison, etc. Les grands actes et les fantaisies de ces puissants monarques sont ainsi racontés par les murailles d'Agra, et ce n'est pas là leur moindre intérêt.

Une seule chose m'a choqué dans la vue d'ensemble, c'est la longue tache blanche formée sans transition de ligne ou de couleur par le palais de Shah Jehan ; mais, ceci mis hors cause, quelles formes exquises, quelle délicatesse raffinée dans le dessin ! Je me rappelle notamment les dépendances affectées aux femmes. Shah Jehan, ce sentimental qui, précisément, en face, devait faire dresser pour sa compagne adorée le somptueux tombeau du Taj Mahal, Shah Jehan a mis là toute la poésie de son culte conjugal et le marbre aux tons d'ivoire, sculpté, incrusté par les plus habiles artistes de l'époque, y prend toutes les séductions que cette pierre royale peut seule donner.

17 janvier.

Aujourd'hui nous faisons une promenade pittoresque dans la ville indigène : rues bordées de maisons basses aux échoppes toujours ouvertes, le tout plein de vie et de couleur. La race, ou plutôt les races, car dans ce pays périodiquement envahi des Indes, chaque invasion devait laisser un peu de sédiment, les races, dis-je, y semblent plus fortes que dans le Sud. Les gens, simple affaire de climat, y sont aussi un peu plus habillés. Quant aux femmes, elles continuent à se trouer ou à s'enserrer le corps par des bijoux de toute sorte. Je suis sûr que, débarrassées de la quincaillerie d'argent qu'elles portent aux oreilles, aux narines, au cou, aux bras, aux doigts, aux jambes, aux pieds et aux doigts de pieds (c'est tout !) certaines d'entre elles seraient allégées de plusieurs kilos !

Mais, à tout prendre, la femme hindoue lestée d'argent ou de verroteries, est-elle plus ridicule que la chinoise au pied bot ou l'Européenne qui se déforme alternativement diverses parties du corps. Aussi, j'aime à croire qu'au jugement dernier, le bon Dieu se montrera pitoyable à la coquetterie féminine, puisqu'elle porte partout en elle-même sa punition.

De la ville indigène nous nous rendons au Taj-Mahal, au fameux Taj ! Inconsolable de la mort de son épouse adorée, Shah Jehan voulut sans doute vivre de sa douleur comme il avait vécu de son amour. Il fit venir les plus beaux marbres des Indes, les plus belles pierreries de l'Asie, les plus grands artistes du monde connu de lui et voulut que sur les rives de la Jumna, en face de son palais, l'hommage posthume le plus magnifique vint adoucir sa douleur en glorifiant sa compagne. C'estque Shah Jehan était un doux et sensuel mystique égaré dans toutes ces générations d'envahisseurs brutaux. Son fils Aureng-Zeb, esprit pratique, le lui fit comprendre d'ailleurs en le détrônant, précisément à propos des prodigalités du Taj. La construction dura 20 ans et coûta 100 millions : la folie de la douleur pouvait seule enfanter une œuvre pareille.

Je sors de ce monument unique au monde et j'essaie de résumer mes impressions. Tout d'abord le Taj peut être vu de loin comme de près sans perdre de sa valeur : de loin, cet édifice, traité à la manière d'une mosquée, séduit par l'harmonie de ses lignes, le galbe de sa coupole, la majesté de ses portiques et sa virginale blancheur laiteuse, en outre la plate-forme de grès sur laquelle il est assis en face de la Jumna, le campe fièrement dans son entourage de verdure.

De près, l'admirable fini des sculptures et des incrustations, la pureté du dessin, le grain du marbre et les tons d'ivoire que lui a donnés le temps, défient toute critique.

Dedans enfin et surtout le demi-jour adouci qui filtre à travers le grillage des fenêtres pour se répandre mystérieusement sous la coupole, la perfection maintenue, augmentée, peut-être même, des dentelles de marbre, le choix de matériaux plus fins encore et de pierres précieuses, turquoises, émeraudes, etc., qui viennent le rehausser, tout cela est bien beau : le cœur est ému par ce spectacle qui chante la poésie de la douleur et l'œil se réjouit dans la contemplation de jolies choses artistiquement façonnées.

Faut-il le dire ? Ce monument que je trouve si beau, en toute sincérité, m'a cependant quelque peu déçu ! Quelle peut être la cause de mon état d'esprit ? Voilà une œuvre que la plupart des voyageurs s'accordent à trouver la plus belle du monde et je reste relativement froid devant elle ! Eh bien ! je crois que là précisément se trouve le motif de mon désenchantement. A mon tour je suis le Monsieur à qui l'on a trop dit : Vous allez voir la plus belle œuvre de l'univers ! Mon imagination s'est mise en route sans entraves et, comme l'imagination a toujours assez de force créatrice pour dépasser la réalité, le nouveau voyageur a beau rester en garde contre lui-même, son travail préparateur a bien des chances de dépasser le but.

J'ajoute que la raison proteste volontiers à son tour contre cette affirmation brutale : « Tel monument est le plus beau du monde » et des comparaisons fâcheuses pour l'objet si ardemment prôné se présentent aussitôt à l'esprit.

O mes confrères en voyage, je voudrais bien que ma petite déconvenue pût vous être de quelque utilité : lorsqu'on vous vantera à coups de superlatifs un site, un monument, une œuvre d'art quelconque ne manquez pas de voir, s'il vous est possible de voir, mais ne manquez pas non plus de tenir pour déséquilibrée, sensible à l'excès, la personne qui vous parle de la sorte. C'est le seul moyen de ne pas être dupe d'un enthousiasme préventif : votre imagination n'ayant point travaillé à vide s'exaltera plus facilement à la vue de l'œuvre elle-même et vous aurez tout le bénéfice de la surprise.

Et pour compléter ma petite philippique, je tiens à la retourner contre moi-même : j'ai parlé avec un certain lyrisme des tombeaux des califes au Caire, du temple de Kaïlas à Ellora, etc. Rendez-vous le service de ne pas accepter mes conclusions. J'ai été frappé d'admiration à la vue de belles choses inattendues et qui se présentaient en outre dans les conditions de lumière désirables. J'ai traduit en toute sincérité mon impression ; mais ce bénéfice de l'imprévu, je vous le retire par ma narration enthousiaste. Peut-être aussi les jeux de lumière se refuseront-ils à la mise en valeur de l'objet. Donc je vous conduis à une déception possible. La morale de tout ceci c'est que l'imagination n'est bonne conseillère qu'en face du spectacle lui-même, pendant toute la période préparatoire il convient de la tenir en laisse et de supposer toujours le moins pour avoir la bonne fortune du plus.

Le Taj Mahal et le Fort sont les deux grandes attractions d'Agra. Toutefois, plusieurs monuments méritent encore d'être vus, tels la grande mosquée dont la façade est de fière allure, le tombeau d'Akbar, plus remarquable par le parc et les portes extérieures que par le monument lui-même, et celui d'Itimad-ud-Daulah, charmant Trianon... de la mort, aux murailles de marbre finement incrusté et entouré d'un très joli parc également.

Il est piquant d'observer, à travers les civilisations éteintes, combien les conducteurs des peuples ont toujours eu le souci de perpétuer leur souvenir par le faste du tombeau : c'est leur manière impuissante, mais toujours voulue, de protester contre la fragilité de l'existence et l'implacable égalité de la mort. Au Caire, les Pyramides, le musée, les mosquées des Califes sont des reliques funéraires. Ici la plupart des monuments remarquables ont également pour objet la glorification des grands défunts.

Les empereurs mogols ne se contentent même pas de l'édifice, il faut l'espace à leur dépouille. C'est ainsi que chaque tombeau devient une petite ville, une nécropole au singulier, de 100, 200, 300 mille mètres carrés avec parc, mur d'enceinte et portes monumentales : la grandeur du cadre se mesure à l'importance du défunt.

19 janvier.

Je viens de revoir encore le Taj Mahal par un bel effet de soleil couchant. Les trompettes d'une renommée tapageuse avaient cessé de résonner à mes oreilles et je n'avais plus à contrôler le monument réel par celui de mes rêves antérieurs... L'impression de ma première visite ne s'efface pas entièrement. Je refuse encore d'accepter le Taj pour le premier monument du monde ; mais qu'il est beau dans ses lignes générales et son impeccable décoration !

L'univers possède d'autres monuments supérieurs ; je doute qu'il existe ailleurs un tombeau plus vaste, plus riche, plus imposant : c'est le plus magnifique hommage posthume qui ait jamais été adressé à une créature humaine.

20 janvier.

En route pour Delhi. La campagne reste plate ; mais elle devient plus fertile.

Le voisinage relatif de l'Himalaya, de son piédestal tout au moins, serait-il pour quelque chose dans cet enrichissement ? C'est probable : les montagnes sont les involontaires pourvoyeuses des terres basses ; elles produisent l'eau et ne peuvent la garder, elles ont de la terre végétale et s'en dépouillent au profit des vallées. Les plaines grasses, rizières, champ de maïs, etc., que nous traversons doivent à coup sûr une partie de leur revêtement aux monts himalayens, puisque ceux-ci se déversent presque exclusivement au sud. Tartarin de passage ici, n'aurait pas besoin de monter plus haut pour déclarer qu'il a foulé l'inaccessible géant du nord !

Dès notre arrivée à Delhi nous prenons contact avec le peuple dans une petite promenade d'orientation. Je suis charmé : la couleur locale augmente à mesure que nous avançons sur le Gange. C'est un véritable ravissement pour les yeux de voir une foule bariolée d'oripeaux jaunes, blancs, rouges, etc., se mouvoir dans un soleil qui fait valoir les tons. C'est le kaléidoscope vivant avec l'imprévu des perpétuels changements de tableau. Et je vous assure que la mobilité de la scène est d'un charme infini. Non pas que les voies tortueuses et les maisons béantes de Delhi ne présentent point de pittoresque, mais c'est surtout la cohue bigarrée de la rue qui accroche le regard : inutile de courir au spectacle, c'est le spectacle qui vient à vous.

Je note au passage quelques éléments nouveaux : des fakirs mendiants, hirsutes et la face barbouillée de plâtre, des palanquins suspendus à une tige de bambou dans lesquels les femmes se font transporter, de minuscules voitures à zèbres, sorte de chaises à porteurs tout enrubannées. Chose singulière ! la race assez forte de ce pays semble avoir adopté un mode de locomotion lilliputien. Des familles entières s'installent dans une carriole d'un mètre carré et comme tout : attelage, nichée humaine, voiture, est parfois couvert des mêmes étoffes voyantes, l'œil a quelque peine à faire le départ entre le contenant et le contenu.

Cette première promenade est pour nous une véritable cueillette de choses typiques. Dans cette rue étroite, des ouvriers débitent en pleine voie des lingots d'argent, tandis que d'autres font des incrustations ; dans cette voie plus large, les boutiques se prolongent dans la rue et le milieu en est encore occupé par un long ruban d'étalages divers; dans un coin de place, de magnifiques moutons afghans, dont la queue monstrueuse est de chair très délicate, font leur petite sieste; à côté, des chameaux chargés défilent gravement en balançant leur tête au-dessus des passants; plus loin, des singes en liberté jouent dans les arbres ou réclament des noisettes aux passants...

Dans ces pays de lumière, les trois quarts de la vie domestique se consomment dehors, la rue est le prolongement de la boutique ou de la maison. C'est donc là qu'est le spectacle et, pour ma part, je ne me lasse pas de l'observer Le monument est souvent froid ou mort et m'a déçu parfois, la rue est toujours chaude à l'œil et, dans ce théâtre populaire, les acteurs tiennent la scène en permanence. Je ne puis être mon propre juge et décider si j'ai tort ou raison; mais chacun prend son plaisir où il le trouve, dit la Sagesse des nations, et j'avoue que la flânerie, la badauderie exotique a toujours eu un charme exquis pour moi.

Delhi est la fille des empereurs mogols et la sœur d'Agra. Les traits de famille sont trop accusés pour qu'on puisse s'y méprendre. Les deux cités ont leur fort, gigantesque instrument de sauvegarde ou... d'oppression comme le sabre de M. Prud'homme, toutes deux leurs palais impériaux à l'intérieur, leur place d'armes et leur grande mosquée en face ; toutes deux enfin sont campées au bord de la Jumna, la rivière impériale des princes envahisseurs.

Les deux villes, fruit d'une conception unique, ont été taillées sur le même patron; mais Delhi a pour elle le droit d'aînesse et une santé plus florissante. Elle est la véritable capitale indigène des Indes, et à ce titre le Durbar donné pour le couronnement d'Edouard VII s'est tenu l'année dernière sous ses murs. Elle en est aussi la capitale industrielle et artistique : l'orfèvrerie indienne, les broderies, les faïences, les incrustations d'ivoire, proviennent surtout de Delhi et, à ce titre également, la ville possède une personnalité très nette accompagnée d'une intensité de vie remarquable.

Quant aux Anglais, ils ont adopté le mode de résidence le plus pratique. Une installation dans la ville indigène eût manqué de « connfeurtèble », ils ont partout créé une ville anglaise à côté de l'autre et, laissant l'Hindou croupir dans sa pittoresque saleté, ils construisent leurs cottages au milieu de grands jardins desservis par de vastes avenues. L'une des villes est exactement le contrepied de l'autre ; les services publics forment plus ou moins le trait d'union entre les deux éléments et, chacun restant ainsi chez soi, tout le monde paraît content.

Désireux du confort anglais comme du pittoresque indigène, nous adoptons une moyenne proportionnelle ; notre hôtel est dans la ville indienne sans y être : on l'a partiellement bâti sur les remparts !

L'immense fort de Delhi, — il est plus grand encore que celui d'Agra — attire le voyageur comme un aimant mystérieux : on veut voir ce qu'il y a derrière ces murs étranges et muets. Ce qu'il y a, c'est tout d'abord un immense espace nu, piqué çà et là de casernements anglais. Ouvrir ce gigantesque et majestueux coffre-fort que représentent les murailles pour y trouver de vulgaires casiers humains n'est-ce pas désolant ?

Heureusement, tout n'a pas été rasé. Voici dans la partie arrière le Divan y am salle de réception publique toute en grès rouge sculpté. La décoration est sobre, puissante, de grand effet. Au fond émerge la tribune où se tenait le souverain et, plus bas, la table de marbre d'où les ministres transmettaient les suppliques du peuple ou les ordres du monarque. Toute la tribune est revêtue de sculptures et surtout d'incrustations admirables.

C'est là que se voyait autrefois le fameux paon à la queue constellée de pierreries. Au dire du voyageur Tavernier, le paon valait à cette époque déjà 150 millions. L'aubaine était tentante pour un envahisseur : Nadir Schah emporta l'oiseau pour avoir le plumage et il figure maintenant à la cour de Téhéran.

Plus loin, bordant la Jumna se dresse le Divan i khas, salle de réception privée. Ici le peuple était remplacé par des grands seigneurs. L'architecture obéit à la même sélection et le marbre blanc doré, sculpté, incrusté succède au grès rouge. Le contraste est saisissant, il est aussi très heureux.

A droite et à gauche se trouvent le harem, les bains de l'empereur et de ses femmes et la mosquée des perles.

Ces constructions accessoires, où le marbre se façonne en fontaines à prismes, en portes grillagées, en colonnettes évidées, est ravissant, et l'œil qui passe en quelques instants par les diverses formes du beau se perd agréablement dans la contemplation de ce tableau d'ensemble artistiquement composé de grâce et de grandeur.

Du fort, nous nous rendions à la grande mosquée lorsqu'un grand bruit de cuivres et de grosse caisse nous arrive aux oreilles. Cheick Sultan déclare qu'il s'agit des préparatifs d'un mariage hindou : une manière comme une autre de publier les bans ! L'instinct de badauderie reprenant immédiatement ses droits, j'emboîte le pas au cortège et je vois défiler un chameau, le chameau de l'hyménée ! monté par un porte-bannière; des gamins munis de bannières plus petites lui font cortège, puis vient une première musique indigène, flageolets et tambours ; à la suite des chevaux de selle caparaçonnés, les voitures de noce vides ou garnies d'enfants et de femmes richement parés ; sur les côtés, à pied, le sexe fort en costume de gala soie et or, puis une fanfare de cuivres dans laquelle chacun joue un air à sa convenance et enfin, dans une escorte de porte-torches, comme si le soleil ne nous cuisait pas le crâne, le fiancé à cheval et masqué.

C'est dans cet appareil bruyant et coloré que le futur mari se rend chez la demoiselle de son choix et il est masqué, suivant les rites nécessaires, pour que celle-ci soit la première admise à contempler les traits de son conjoint, tel le marbre des grands hommes que l'on couvre chez nous la veille de l'inauguration, pour avoir le plaisir de le dévoiler au moment scénique.

J'assisterais volontiers à la suite de la cérémonie ; mais la suite est renvoyée à un prochain numéro, qui est demain.

Par contre, j'ai pu,sans aller jusque-là, me représenter la fiancée dans son intérieur de demoiselle. J'aperçois un gigantesque portique composé d'étoffes et de papiers de couleurs, garni de bonshommes burlesques quoique symboliques, de fleurs, d'attributs, etc. J'interroge et j'apprends que c'est là le décor attardé d'un autre mariage. J'ai ouï dire d'ailleurs que les habitants de l'Inde faisaient toujours des folies d'argent au moment du mariage.

Nous gravissons les marches de la mosquée, la plus grande du monde entier, paraît-il. Le monument est froid comme la plupart de ses semblables ; mais dans la sobriété de son ornementation, cette masse de grès rouge rehaussé de marbre blanc est de très belle allure, et le parvis à arcades qui le précède, posé lui-même sur un tertre artificiel, complète l'œuvre d'une façon magistrale.

De ce piédestal, la vue sur Delhi est belle ; nous la cherchons plus belle encore sur les terrasses supérieures. La reine du nord des Indes, empanachée d'une brume poussiéreuse, comme toute grande ville remuante, apparaît là dans toute son importance, tandis que d'un autre côté, faisant contraste à cette fourmilière un peu confuse, le large ruban de la Jumna scintille et que le grès rouge du fort flamboie sous les feux du soleil couchant.

Nous descendons de la mosquée pour nous buter contre un embarras de voitures. La noce de tout à l'heure s'est lamentablement émiettée devant l'obstacle ; mais l'homme au masque de soie reste toujours impassible et mystérieux sur son cheval de parade.

22 janvier.

En compagnie de trois touristes français, nous louons un landau pour explorer les environs de Delhi. Cinq français à la fois dans la même ville des Indes, cela se voit rarement ; assez de Français dans un même hôtel pour dominer les autres éléments, cela s'est-il jamais vu ? Le fait valait la peine d'être noté à l'actif d'un peuple qui a la réputation de ne pas voyager.

Les environs de Delhi sont typiques. A côté de la cité qui vit, neuf autres villes ont vécu. C'est cette poussière du passé, cette nécropole de civilisations que nous allons interroger, neuf cités nées et mortes presque à la même place, cela recule l'histoire de l'Inde vers des profondeurs incroyables et cela prouve quelle intensité de vie ce coin du monde a toujours possédée.

On fait souvent de Delhi une Rome indienne. Il faudrait presque le contre-pied de la comparaison, puisque la reproduction précède l'original et le domine.

Vais-je entreprendre la description des choses vues au cours de cette passionnante visite ? C'est l'inventaire des siècles passés qu'il faudrait établir. Je n'ai ni le pouvoir, ni le savoir d'une telle besogne. Dans cette plaine immense, les ruines semblent pousser comme ailleurs la végétation. Dire qu'à chaque pas se dresse devant vous un mur de forteresse, un tombeau, un fragment de mosquée serait une exagération, mais une exagération légère ; il n'est même pas un renflement de terrain sous lequel on ne puisse affirmer à bon droit, l'existence d'une base d'édifice.

Et cependant, malgré ces ruines grandioses ou rampantes, la région n'a point l'aspect désertique qu'on pourrait lui supposer. La nature, plus tenace que l'homme, a repris son œuvre de vie partout où les scènes de mort lui laissaient quelque place. Les ruines ont parfois un riant cadre de verdure et la libre fleur des champs remplace sur les tombes celles du souvenir.

Nous parcourons tour à tour les ruines imposantes de la forteresse bâtie par Feroz Shah au XIIIe siècle avec le pilier d'Asoka du IIIe siècle, avant Jésus-Christ, l'enceinte bien conservée d'Indrapa avec sa mosquée en grès rouge et le superbe tombeau d'Humayoun, père d'Akbar. Puis vient la grande nécropole q i couvre à elle seule plusieurs lieues carrées. Là, singulière ironie des destinées humaines, la vie a repris naissance dans la mort même : les générations nouvelles se sont taillé dans la dépouille des grands morts, un vêtement approprié à leur petite taille ; les maisons d'un village hindou, nid d'oiseaux perché dans un arbre mort, sont formées des matériaux funéraires qui jonchaient la plaine. Près de là, tranchant sur la banalité des tombes voisines, se dressent les délicats ouvrages en marbre ajouré qui ont reçu les dépouilles du vénéré Nizam ud Din et de la fille de Shah Jehan. Le site est plein de fraîcheur et de grâce mélancolique ; un bassin continue à alimenter cet oasis mortuaire et, comme l'appel au bacschich ne connaît point de barrières, quelque naturel de l'endroit se trouve toujours là, pour exécuter, de la crête d'un temple voisin dans la piscine, un plongeon rémunéré de 12 à 15 mètres de hauteur !

La première partie de notre visite s'achève au Kutubn Minar, tour de 75 mètres en grès rouge, élevée en l'honneur des premières victoires musulmanes. Une grande mosquée et des temples brahmanique, boudhique, jaïn, enchevêtrés les uns dans les autres au gré des civilisations et des religions successives, racontent en leur demi-chaos artistique les vicissitudes des entreprises humaines.

Le retour, un peu moins intéressant, nous fait encore passer auprès de tombeaux et de mausolées dont l'un comprend un parc de 4 hectares, et nous rentrons dans la cité vivante, — la 10e... à l'époque actuelle, — tout émus encore par l'étrange leçon philosophique qui se dégage de ces gigantesques débris.

Nulle part au monde il n'existe, je crois, de cité qui porte ainsi le témoignage, incrusté dans le sol, de sa tragique histoire; il était logique qu'on la rencontrât, cette cité, dans le plus étrange et le plus vieux pays du monde.

La visite aux Delhis d'autrefois m'avait tellement impressionné que je la recommence le lendemain par un moyen pratique, la bicyclette ! Tant pis pour l'anachronisme et l'irrévérence du procédé ; mais cette seconde excursion consolide mes souvenirs en les rafraîchissant, c'est tout ce que je leur demande.

24 janvier.

Ce matin on tire le canon à la citadelle. Je m'informe : Sa Vice-Majesté lord

Curzon est dans nos murs. Tant mieux pour elle et pour ceux des habitants de la ville que cela peut mettre en joie. Quant à nous, nous recommençons notre pèlerinage laïque aux monuments qui nous avaient le plus frappés, les palais impériaux, le fort, la grande mosquée et nous cueillons, au hasard de la route, les choses intéressantes qui s'y trouvent disséminées : la mosquée noire ainsi nommée parce qu'elle fut construite en matériaux noirs au XIIIe siècle, un temple jaïn couvert de dorures et surmonté d'étranges pyramides sculptées, etc.

Je ne parlerai pas des édifices anglais, ils n'existent pas. Cependant, pour s'entretenir la main, l'administration a flanqué la gare de deux donjons gothiques à créneaux, et une tour, non moins gothique mais de meilleur goût, orne l'une des places. Par contre l'initiative anglaise mérite tous les compliments dont un chercheur d'ombre est capable, de beaux arbres ornent les grandes voies extérieures ; le parc Victoria, fort bien dessiné, très bien entretenu, est le plus joli coin de fraîcheur que l'on puisse souhaiter dans une ville poussiéreuse.

De Delhi nous allons partir pour Bénarès et dire adieu au décor installé par les empereurs mogols : instinctivement, je fais en moi-même la récapitulation de leur apport architectural, et peu à peu une impression d'ensemble se dégage dans mon esprit. J'en demande pardon aux admirateurs sans réserve de l'art musulman, y compris mon aimable compagnon de voyage, M. Gallois ; mais, si négligeable que puisse être l'avis d'un simple touriste dépourvu de toute éducation spéciale, je me permets d'en avoir un et de l'exprimer.

L'architecture musulmane de l'Inde est grandiose ; j'y souscris pleinement. La conception est grande, l'exécution délicate et vigoureuse tout à la fois ; mais lorsqu'on a visité un bon nombre de ces édifices, une certaine impression de monotonie s'empare de l'esprit. D'où vient cette impression ? De ce que la même formule d'art semble se répéter indéfiniment. L'Arabe a dans le cerveau un ou deux types de mosquées et de palais, très neufs, très décoratifs, mais, comme il les tire à de nombreux exemplaires, le bénéfice de l'originalité disparaît.

Reste la question de décoration. Nulle part, je pense, les artistes de la pierre n'ont travaillé plus délicatement le marbre ; la sculpture y devient parfois de la ciselure, les incrustations révèlent un fini d'exécution, un sens de l'harmonie des couleurs vraiment admirables. Mais, il y a un mais, le même motif se répète à l'infini, donc il y a pauvreté d'invention décorative ! Ou bien la décoration reste trop soumise aux lois sévères de l'architecture et n'ajoute point assez de vie au monument, ou bien la multitude des incrustations polychromes diminue la valeur des lignes architecturàles sans devenir elle-même autre chose qu'un élégant habillage.

Prenons pour point de comparaison le plus célèbre monument, le Taj Mahal. Le Taj Mahal est une magnifique châsse ; l'auteur a voulu que le coffret fût digne de la relique ; mais pourquoi la châsse a-t-elle 60 mètres de hauteur sur autant de plan, plutôt que 10, plutôt que 100 ? Parce que tel a été le désir de l'empereur ou que la limite financière se posait là. C'est un tombeau porté au décuple, sans que la logique y trouve l'explication artistique nécessaire.

Voilà pour l'architecture. Quant à la décoration, prenez au hasard l'un des panneaux intérieurs ou extérieurs ; vous aurez tout vu car les autres sont de parfaits sosies. Examinez un mètre de la terrasse en marbre si délicatement ouvragé, et faites la petite promenade circulaire, le mètre façonné se sera répété cinq cents fois sous vos yeux. Là, comme ailleurs, on a mis en mouvement la machine à faire de la dentelle de marbre, et le métier humain fonctionnant aurait débité des kilomètres d'admirable dentelle, si l'architecte l'avait voulu. Est-ce là le desideratum idéal d'une décoration ?

L'absolue symétrie dans une œuvre de petite dimension se comprend aisément puisque l'œil, l'embrassant d'un seul coup peut y trouver un charme d'esthétique supplémentaire ; mais pourquoi s'acharner à des répétitions semblables pour une œuvre de cette importance. Passe encore si la décoration avait beaucoup de relief ; l'effet d'ensemble en serait augmenté; mais elle n'est pas perceptible à distance, donc il faut la voir de près; or de près la ligne architecturale compte moins, c'est l'effet de détail qui passe au premier plan et cet effet de détail ne réclame pas seulement le fini du travail, mais la variété de la composition.

Ce qui est vrai pour le Taj Mahal l'est plus ou moins pour la plupart des édifices musulmans, en ce qui concerne la partie décorative. La perfection du travail et des matériaux, la finesse et l'ingéniosité du dessin ne suffisent point pour détruire dans l'esprit l'impression relative de sécheresse et de froideur, qui s'y produit à la longue.

A la décharge des artistes musulmans, il est juste d'ajouter que le Coran interdit la reproduction de la figure humaine et même la copie de tout être animé. L'élément le plus capable de donner la vie à une œuvre artistique fait donc défaut et la fantaisie de l'artiste s'exerce dans un champ restreint. Mais si l'argument plaide en faveur de l'interprétateur, il reste impuissant devant le fait et la conclusion ne change pas.

Je viens d'exposer en toute sincérité mon impression. Celle-ci semble jurer avec les laudatifs semés dans les notes précédentes. Il n'en est rien. J'ai éprouvé une véritable jouissance dans la conception de certaines œuvres, surtout parce qu'il s'en dégageait une notion d'art moins connue de moi : cette jouissance particulière s'est un peu émoussée devant les redites ; c'était fatal, c'est donc arrivé ; mais il n'en est pas moins vrai que les choses belles restent belles, que l'art musulman puise à des sources très pures, qu'il a atteint au grandiose sous la poussée des Mécènes mogols et, s'il montre moins de souplesse et de variété que certains de nos styles, il n'en a pas moins ses magnificences propres et sa très intéressante personnalité.

26 janvier.

Une nuit de railway et nous voici à Cawnpore, ville tragiquement célèbre depuis la révolte des Cipayes. Ici je ne crois pouvoir mieux faire que de substituer à ma pauvre petite science d'hier la compétence de mon compagnon de route.

« L'histoire, écrit M. Gallois dans son livre sur les Indes, nous rapporte que sir Hugues Wheller (commandant de la place en 1857), se livra, avec 850 personnes, au rajah Nana Sahib, lequel, par de feintes démonstrations de sympathie avait su capter la confiance des Anglais et se faire ouvrir l'arsenal plein d'armes et de munitions. C'est alors que le traître se démasqua et se mit à la tête des insurgés. Après vingt jours d'un siège horrible, dans un pauvre camp retranché, dont on voit encore l'emplacement, manquant de tout, même d'eau, qu'il fallait aller chercher sous le feu de l'ennemi, les Anglais capitulèrent, et on leur promit traîtreusement la vie sauve.

« Une église votive, où le nom des victimes est gravé sur le marbre, a été érigée en ce lieu.

« Le 27 juin de la sinistre année, on embarqua pour Allahabad 500 prisonniers ; mais les bateaux avaient à peine quitté le rivage, qu'on y mit le feu pendant que les bateliers se sauvaient. Des canons dissimulés sur la rive, furent alors démasqués, vomissant la mitraille. Quatre malheureux seulement parvinrent à

s'échapper à la nage et, après avoir couru les plus grands dangers, finirent par trouver un refuge chez un rajah resté fidèle à la cause anglaise. Quinze jours après, des secours arrivaient, mais trop tard. Nana Sahib, furieux, fit alors fusiller et égorger dans la prison 200 femmes et enfants qui furent ensuite jetés dans un puits. Pendant des jours, l'on entendit s'exhaler les plaintes des malheureuses victimes n'ayant pas succombé de suite et enterrées ainsi vivantes. Rien ne saurait rendre l'horreur d'un pareil massacre, pour lequel il n'est pas nécessaire de commentaires. Aussi les représailles anglaises furent-elles terribles. On passa par les armes, tous les rebelles saisis les armes à la main, après les avoir obligés à lécher le sang de leurs innocentes victimes. »

La pitié est un sentiment qui ne s'arrête pas aux frontières ; cette épouvantable boucherie ne peut donc laisser insensible un être humain. Bien que nous ne soyons pas des Anglais, nous entreprenons à leur exemple le pieux pèlerinage vers le lieu du massacre et portons aux victimes le tribut de notre commisération.

Le monument commémoratif dressé dans le Mémorial Garden se compose d'un socle de pierre couvrant le puits sinistre surmonté d'une émouvante statue de la Pitié due au ciseau de Marochetti. La désolation de la scène semble avoir été volontairement supprimée ; la verdure et les oiseaux chantent la vie tout autour de ce monument de mort et les reliques du passé, la margelle du puits, le hangar des prisonniers ne figurent plus que par l'image sur le livre présenté aux visiteurs ; mais la pensée du drame reste assez obsédante pour dominer les gaîtés du paysage.

Cawnpore est bâtie sur les bords du Gange. Bien que je ne m'attende pas à un spectacle de nature bien imposant dans ce pays sempiternellement plat, j'ai trop la curiosité du fleuve sacré pour ne point saisir cette première occasion de l'apercevoir.

L'eau sainte, aux yeux de l'indigène, est surtout de l'eau sale à ceux de l'Européen. L'Hindou jette tout et se jette lui-même dans le Gange purificateur ; l'Européen, comme nous, qui voit passer tous les dix mètres au fil de l'eau quelque cadavre d'animal, juge avec les yeux de son corps, non avec ceux de la foi brahmanique et, dans cette chair gonflée qui achève de se putréfier au soleil, il perçoit mal la purification de l'animal par l'eau sainte, mais très nettement la souillure d'une eau saine par l'animal.

Les Anglais s'efforcent d'enrayer ce système primitif du « tout à l'égout » et, précisément au moment de notre arrivée, un policeman indigène fait rebrousser chemin à deux Hindous qui voulaient joindre une vache à la collection du fleuve.

Pour moi, profane, voilà surtout la caractéristique du Gange. J'ajoute que l'eau coule ici prosaïquement entre deux rives sans caractère, comme si elle n'était pas sainte du tout. La plaine basse et monotone est coupée par une large rainure aquatique et c'est tout.

Il semblerait d'ailleurs que la nature s'est épuisée dans le gigantesque effort de l'Himalaya. Le dernier contrefort dépassé, plus de coteaux, plus de vallées, plus de ces minuscules reliefs de terrain qui rendent notre pays de France si riant, la plaine, l'implacable plaine s'étend à perte de vue dans la direction du sud, de sorte que les rivières ne trouvant pas à se canaliser dans des vallées, creusent à fleur de sol le lit nécessaire à leur écoulement Qu'une forte poussée de crue se produise, rien n'empêchera cette eau sans obstacle de se former à droite ou à gauche un nouveau cours. C'est le fait de la Jumna et peut-être les savants expliquent-ils de la sorte les emplacements divers de la Delhi ancienne. C'est

28 janvier.

Sur les bords fertiles du Gange et de la Jumna, les cités prospères et typiques se succèdent comme par enchantement. Nous voici sous les murs de Bénarès la Sainte. Je dis sous les murs, car ici comme partout la ville anglaise aux larges avenues récentes est juxtaposée à l'autre et rien ne peut faire supposer que, deux kilomètres plus loin, s'agite une civilisation si différente de la nôtre.

Pour compléter l'illusion occidentale, nous descendons à l'hôtel de Paris. C'est la première fois que je vois une étiquette française aux Indes! Et voici que, par surcroît, nous nous rencontrons onze Français à la fois dans l'hôtel très anglais de Paris. J'avais signalé avec un profond étonnement la rencontre de trois compatriotes à Delhi. Dois-je retirer l'expression de ma stupéfaction première ou la doubler? Renseignements pris, il faut la doubler : de mémoire d'hôtelier pareil fait ne s'est pas encore vu.

Puisque je viens de toucher au chapitre de la vie domestique, il n'est peut-être pas hors de propos de décrire sommairement la journée d'hôtel et l'hôtel lui-même aux Indes; le Gange nous entraînera bientôt assez loin de la vie pratique pour que je ne remette pas à plus tard ces détails du terre à terre occidental.

L'hôtel des Indes a pour caractéristique de ne posséder qu'un rez-de-chaussée. Toutes les chambres donnent sur une galerie à arcades, laquelle entoure un jardin central bien entretenu. Elles sont en outre aérées par deux petites fenêtres qui dominent la galerie et l'arrière chambre. Cette arrière-chambre est un vaste cabinet de toilette, invariablement composé de lavabo, baignoire, et autres appareils secourables de notre humaine infirmité. Aucune décoration, des murs très épais et simplement blanchis à la chaux, mais beaucoup d'air, d'espace, de fraîcheur et de propreté. Alors que le soleil cuit au dehors bêtes et gens pendant les heures médianes, il suffit de se retirer dans sa chambre pour y jouir, en cette saison du moins, d'une délicieuse température printanière.

Quant aux habitudes de table, elles diffèrent singulièrement des nôtres. La cuisine fonctionne à peu près en permanence : à partir de 7 heures, thé, lait, pain beurré, mandarines et bananes apportés dans la chambre. A 9 heures 1/2, breakfast composé de poisson, œufs, viandes grillées, confitures, etc, avec le thé comme boisson. A 1 heure 1/2 ou 2 heures, tiffin, breakfast à grande envergure. A 4 heures, thé et gâteaux. A

7 heures 1/2, dîner de table d'hôte, en smoking, si le voyageur veut bien se conformer à l'habituelle respectability. Enfin à 9 heures, thé et gâteaux pour ne point laisser le tube digestif en vacance fâcheuse. Voilà l'ordre et la marche du fonctionnement imposé dans les Indes aux estomacs anglicanisés et, pendant ce temps, la moitié de la péninsule vit d'un bol de riz, obtenu à la sueur du front; pendant ce temps sur 300 millions d'habitants quelques milliers peut-être achèvent de mourir, faute d'avoir trouvé ce bol de riz !

J'en arrive à me demander d'ailleurs si l'indigène pauvre est bien au juste un être humain aux yeux de la race civilisatrice, ou s'il ne représente pas plutôt le premier des animaux domestiques. Le boy couche sur la dalle du corridor devant la chambre de son maître et le confort du moindre européen absorbe les soins de 4 ou 5 indigènes spécialisés, l'un dans le cirage des chaussures, l'autre dans le balayage, etc. ; la domesticité s'émiette ainsi en un nombre infini d'unités négligeables et empressées et, chose typique, toute cette humanité qui se diminue volontairement et se rue à la servitude, aurait dit Tacite, semble accepter très philosophiquement son sort.

Mais je ne viens pas aux Indes avec la

mission d'un redresseur de torts. Tournons la page et soyons à la ville sainte.

Bénarès se présente à revers comme beaucoup d'autres cités célèbres et le voyageur non renseigné n'y trouve tout d'abord que les études de mœurs et le cadre habituels des Indes septentrionales.

Mais quel tableau dès qu'il arrive au Gange! Bénarès, à l'encontre de ses voisines, est située sur un plateau qui s'arrête brusquement au fleuve. Une rivière tombant à cet endroit dans le Gange se terminerait en torrent.

A leur tour les rues ne peuvent mourir là par les pentes carrossables accoutumées elles y finissent en cascades de pierre qui sont les ghâts, escaliers géants de la cité. Des murs de forteresse, falaises artificielles qui soutiennent les palais des rajahs, relient entre elles ces échappées des rues; mais, souvent aussi, les gradins se prolongent devant les hautes murailles et y forment de véritables plans.

Voilà comment l'homme a façonné la façade du piédestal fourni par la nature. Or, sur cette façade à gradins se donne en permanence un spectacle inouï pour des yeux européens. Le matin surtout, la moitié de la ville est dans le fleuve ou sur les marches; elle court au Gange purificateur.

Qu'on se figure des milliers d'Hindous, hommes et femmes, dans l'immobilité absolue de la prière, ou se hâtant, au contraire, vers le fleuve, y faisant les ablutions, gravissant les marches au retour. Ce tableau se renouvelant indéfiniment par les attitudes diverses des mêmes figurants et par l'incessante arrivée de nouvelles recrues, la multitude des points colorés, inertes ou mobiles que represente cette foule chatoyante, un soleil sans nuages qui éclaire différemment, mais éclaire toujours la scène, puis comme cadre, de puissantes murailles patinées renvoyant à la lumière un grand fleuve épars vers son autre rive et l'immense plaine pour horizon.

Telle est la première impression d'ensemble qui s'impose au voyageur. Elle est inoubliable. Rien n'est frelaté dans le tableau. C'est l'Inde séculaire et l'Inde seule qui s'y dévoile. Les taches européennes n'y figurent point comme dans la plupart des autres contrées, tous les édifices accusent leur civilisation comme leur époque et, si la foule qui se manifeste est contemporaine, elle est vieille au fond, tout aussi vieille que ses devancières des XIIIe et XIVe siècles, car le dépôt sacré des traditions religieuses a été transmis de génération en génération, et l'Inde reste immuable en ses coutumes.

C'est donc à la fois le présent et le passé qui se révèlent à nous dans toute leur pureté. C'est l'Inde, inspiratrice des religions asiatiques, qui se ramasse en ce lieu pour y traduire l'expression de ses divers cultes. Presque tous en effet, brahmanique, boudhique, jaïn, mahométan, etc., sont rassemblés ici dans une foi commune à l'eau rédemptrice et les 2,000 temples de Bénarès sont en quelque sorte les autels concurrents d'une église unique représentée par la ville elle-même.

Bénarès est de la sorte la capitale religieuse incontestée des Indes. Le *consensus principium et populi* en témoigne d'ailleurs éloquemment : les maharajahs ont tenu à honneur de se bâtir un palais près des eaux protectrices du Gange, chaque jour des pelerins accourent du fond de la péninsule pour s'y purifier, enfin, mourir à Bénarès est considéré comme un gage de salut.

Comment s'étonner après cela que le fleuve et ses abords présentent le spectacle que j'essaie de décrire, alors qu'il est indescriptible en fait ? Ni Jérusalem, ni La Mecque, au point de vue religieux, ni les plus grands caravensérails du monde au point de vue profane ne peuvent être comparés à Bénarès.

Nous passons en barque le long du fleuve au lever du soleil et déjà la rive est pleine de fidèles. Cette revue d'un peuple croyant par des étrangers plus ou moins oisifs, est assez irrévérencieuse, mais elle trouble si peu la manifestation de foi publique, que l'inconvenance du procédé semble disparaître. Des Hindous en prière sont devant nous; leur pose, demi-extatique, ne change pas et la paupière de leurs yeux ne se relève pas d'une ligne à notre passage; des hommes et des femmes s'habillent, se déshabillent, font leurs ablutions sans plus s'occuper de nous que de leurs voisins. Tout se passe avec une décente simplicité et la nudité relative cesse d'être choquante, parce que les corps s'immatérialisent en quelque sorte à la faveur de l'idée religieuse.

Des fakirs nus et couverts de plâtre s'occupent à garnir leur demeure de détritus sacrés; nous nous efforçons d'appeler leur attention sans pouvoir obtenir l'aumône d'un regard; un entre autres, effrayant de maigreur, est posé sur un socle, semblable à une pièce anatomique, par son dessèchement et son immobilité.

Un peu plus loin, voilà une scène de crémation peu perceptible d'ici; mais nous voyons nettement descendre vers la rive un long paquet à forme humaine enveloppé dans une draperie et serré par des bandelettes comme une momie ; c'est un corps dont la funèbre litière se prépare à la hâte ; dans le voisinage, plus bas, un bûcher flambe avec un crépitement sinistre et des jets de flammes dans la fulguration desquelles on devine l'appoint de la chair humaine. Sur le même plan, un autre bûcher qui vient d'achever sa victime en se dévorant lui-même envoie vers le ciel les derniers tremblottements d'une flamme sans foyer.

Et, tandis que, rangés derrière les parents des défunts, nous observons cette scène de mort, à droite et à gauche des êtres humains font leurs ablutions dans l'eau polluée, mais sainte ; par les ruelles ensoleillées qui couronnent la falaise, de nouvelles théories de pèlerins chargés de leurs fardeaux, et de femmes drapées à l'antique descendent au fleuve purificateur ; des vaches sacrées s'installent sur les plate-formes et déposent où bon leur semble leurs petites saletés inviolables ; enfin là-haut des charmeurs de serpents, des athlètes, des bayadères escortées par leur orchestre sollicitent l'attention de la foule et sa générosité. Toutes ces scènes de vie, de mort, de foi, de plaisir, de douleur se coudoient, se heurtent même sans que l'équilibre des choses en ce pays apaisé semble rompu le moins du monde.

Quel peut être l'état d'âme de l'Hindou pour que la vie d'un peuple innombrable puisse graviter autour de cet harmonieux chaos de choses humaines ? Comment, sans rupture d'équilibre, l'humain et le divin peuvent-ils se rencontrer ici de la sorte, comment la douleur humaine peut-elle accepter sans protestation la promiscuité des joies lourdes et par quel paradoxe religieux des confessions ennemies peuvent-elles aboutir au même symbole rédempteur : l'eau du Gange purificatrice ?

Voilà des problèmes passionnants, et c'est une petite souffrance pour l'observateur de ne point tenir la clef de semblables énigmes.

Du reste, un trouble général s'est emparé de moi depuis que je suis à Bénarès. Cette ville est une tour de Babel religieuse, elle produit, par répercussion, la confusion des idées. Ce n'est point seulement l'âme de ce peuple que je cherche sans la trouver ; même au concret je ne parviens pas à orienter mes impressions. J'ai les yeux et l'esprit tellement pleins des choses entrevues que je suis intellectuellement congestionné ; lorsque j'essaie de traduire, l'abondance et l'étrangeté de la matière empêchent tout classement dans mes idées. Un tel aveu d'impuissance n'est peut-être pas le moindre hommage que je puisse rendre à Bénarès.

30 janvier.

Je vais observer de près les scènes d'incinération entrevues la veille. La mort ne chôme pas plus que le reste dans une grande ville comme Bénarès; la scène n'y est jamais vide. En ce moment même on apporte le corps d'une femme, tandis que des aides préparent le bûcher. Le cadavre, placé sur une civière faite de deux bambous, est porté jusqu'au fleuve avec la coopération du mari et immergé pendant quelques instants, tandis qu'un barbier rase la tête du fils en signe de deuil.

Le corps ramené sur la couche suprême, le père et le fils ont la triste mission de placer les bûches qui doivent être en contact avec lui, puis l'édifice achevé par des mercenaires, la torche incendiaire est posée au pied du monument et la lugubre besogne commence. La flamme devient-elle paresseuse, les parents, à l'aide d'un drap vivement agité, activeront eux-mêmes l'œuvre de mort. Toute la famille a pris place d'ailleurs sur un large socle pour observer la scène en la dominant.

En face, un autre bûcher surveillé de même par la famille achève de se consumer. Je suis ému pour ces pauvres gens privés d'un être chéri et forcés d'aider à sa destruction, et je cherche sur leurs visages la trace d'une douleur à laquelle je désire m'associer.

Chose étrange ! Je ne la trouve pas ! Les figures sont graves, à demi recueillies, nullement attristées. Mes yeux vont de l'un à l'autre groupe, puis à un troisième qui s'avance précédé d'une étrange musique ; même spectacle. Des Hindous se rendent au fleuve pour les ablutions : chacun fait le crochet nécessaire pour s'écarter de cadavres encombrants, personne ne jette sur la scène un regard de compassion. Je ne suis donc pas en face d'une sécheresse de cœur individuelle, mais d'un état d'âme généralisé. Et je reste perplexe.

Que se passe-t-il donc dans la cervelle de ces gens, des parents surtout ? Les sentiments affectifs ne peuvent leur faire défaut, c'est inadmissible, et je ne sache pas que dans ce pays très civilisé, la famille soit moins qu'ailleurs un foyer d'affection. Y aurait-il là la preuve d'une force d'âme capable de maîtriser toute émotion ? C'est bien douteux, venant d'un peuple imaginatif et sensible. Serait-il que l'Hindou, prenant sa vie pour peu de chose en vertu de la migration des âmes, compterait volontiers pour rien celle d'autrui, ou bien y aurait-il là la manifestation d'un fatalisme résigné par avance? Je n'en sais rien, mais lorsque je songe que la cendre balayée par le fleuve, la fumée dissoute dans les airs, c'est la disparition violente d'un être qui a partagé la vie de cet entourage en apparence indifférent, moi, Européen, fruit d'une autre civilisation, je ne puis comprendre.

Je renonce à voir flamber plus longtemps ces lamentables torches humaines: mais en levant les yeux sur le reste du cadre, j'aperçois d'énormes chantiers de bois de chauffage et je comprends bien vite que ce bois, vaste réserve de l'avenir, n'a point mission dans ces pays de soleil de chauffer les corps, mais bien de les brûler. Plus bas, je vois des Hindous fouiller avidement dans les cendres encore chaudes ou dans la boue noirâtre. Je m'informe. Ce sont des vautours humains qui cherchent leur pâture dans ces résidus : les bijoux trouvés par eux seront vendus le plus cher possible comme le sont là haut les bois de funérailles et je constate que, sur le terrain commercial tout au moins, la sollicitude à l'égard des morts se retrouve ici comme partout ailleurs !

L'après-midi, nous poussions une pointe vers Ramnagar, résidence du maharajah de Bénarès ; pour cela nous prenons place sur un bateau indigène, grande barque plate avec cabine sur le toit de laquelle des fauteuils en osier sont mis à la disposition des touristes. Tel est le salon extérieur. Quant au salon intérieur, je le soupçonne fort, à certains indices, d'être en même temps la cuisine et la chambre à coucher de nos conducteurs. La maison flottante est lourde et remonte difficilement le fleuve. Sur la rive de Bénarès, le Gange a plus de 5 mètres de profondeur ; il n'en a plus le dixième dans l'autre moitié de son lit. Les rameurs ont tout bénéfice à se transformer en chevaux marins et, s'attelant à de minces cordages, les jambes immergées jusqu'aux genoux, ils remorquent ainsi le bateau pendant deux kilomètres.

Cette marche lente n'est point autrement désagréable ; car on ne navigue point tous les jours sur un fleuve sacré, semé de guirlandes de fleurs, et le piédestal mobile sur lequel nous sommes juchés est le meilleur poste d'observation panoramique.

D'autres barques indigènes tour à tour dépassées, grâce à notre moindre lenteur, s'avancent dans la même direction ; des Hindous du voisinage à chameau, des pèlerins à pied, leur bagage équilibré sur l'épaule aux deux extrémités d'une perche de bambou, des dames de Bénarès en longues draperies flottantes et tous bijoux dehors, cheminent sur la rive prochaine, se rendant comme nous à la fète populaire de Ramnagar tandis que le soleil, toujours prodigue, verse à son tour ses flots d'or sur cette multitude, le sable de la grève, et la large nappe bleue du Gange.

Je me rappelle, pour les retirer ici, les propos blessants tenus par moi sur le fleuve sacré, dans une note précédente. Le Gange, qui purifie tout, se purifie lui-même et fait sa toilette avant d'entrer à Bénarès. Je ne vois plus ici les souillures de Cawnpore. Faut-il attribuer la métamorphose aux vertus mystérieuses du fleuve ou tout simplement à quelque règlement sanitaire anglais ? J'écarte à regret la première hypothèse, mais je constate avec plaisir le résultat : le Gange décrassé est redevenu un beau fleuve.

Au débarcadère, un éléphant monté nous adresse avec sa trompe un joyeux souhait de bienvenue. C'est la première fois que je vois l'énorme pachyderme devenir autre chose qu'un article vivant de muséum, et j'avoue la joie d'enfant que me procure cette libre apparition, toute normale aux Indes. Précisément, le maharajah possède une écurie d'éléphants. L'occasion est tentante ; je n'ai garde de la manquer. Après quelques détours dans les ruelles du village, j'aperçois par dessus un mur blanc de larges calottes grises qui remuent. Ce sont messieurs les éléphants : les prisonniers dominent les maisons de leurs gardiens. 30 animaux de cette espèce sont répartis dans un parc aux arbres séculaires. Je vous assure qu'un parc habité de la sorte a fière allure. La menue valetaille qui trottine autour des quadrupèdes achève de les mettre en valeur. Ces bêtes, destinées aux combats ou aux cérémonies de parade, sont d'ailleurs triées sur le volet ; des anneaux d'argent passés autour de la trompe indiquent la noblesse du vasselage. Et voilà le luxe royal qu'on peut se permettre quand on est un grand seigneur des Indes !

Au retour, le guide me montre à travers les barreaux de sa cage un énorme tigre royal qui lui a croqué récemment le bout d'un doigt. La basse-cour du Maharajah possède encore d'autres richesses animales; mais le temps nous est mèsuré, il faut visiter le palais.

Celui-ci est très fièrement campé sur les hautes murailles qui lui forment une base et une ceinture guerrières. Plusieurs salles ont un beau développement architectural et, d'une élégante terrasse en encorbellement, la vue sur la plaine du Gange est imposante. Quelques meubles hindous, en bois de santal, marbre incrusté, etc., méritent de retenir l'attention; mais la manie qui pousse l'Occidental ignare vers le bibelot banal d'Orient trouve ici sa navrante réciproque. A côté d'un magnifique coffret en vieil ivoire figure, devinez quoi? La garniture de cheminée classique en zinc doré, orgueil des petits ménages parisiens ! Juste retour offensif du bon goût méconnu ! Ces œuvres d'art du bazar de l'hôtel de ville ont ça et là leurs sœurs jumelles, et ce ne sont pas les pièces auxquelles le rajah tient le moins, paraît-il.

A peine quittions-nous le parvis qu'une fanfare étrange nous fait tourner la tête ; c'est la musique royale qui salue son maître au retour de la promenade ; nous voyons en effet d'un peu loin Sa Majesté nominale franchir en coup de vent la porte d'entrée suivie d'une brillante escorte. Les jouets royaux sont restés aux mains de ces grands enfants ; les Anglais pratiques n'ont pris que le reste !

31 janvier.

Les douces religions de l'Inde commandent le plus grand respect pour la vie animale. La théorie de la migration des âmes devait forcément adoucir et relever la condition des êtres inférieurs : l'Hindou ne doit mettre à mort ni même frapper aucun être vivant. Ce manteau protecteur s'étend même aux bêtes féroces, qui paient de retour leurs bienfaiteurs en en mangeant 5 ou 6000 chaque année. Quant aux animaux domestiques, ils se permettent d'incroyables familiarités. Des vaches et des chèvres entrent dans les maisons, les oiseaux viennent picorer sur la table où vous mangez, etc.

La religion a donc transformé ce pays en une vaste société protectrice des animaux et ceux-ci y ont trouvé leur paradis. Cette caractéristique des Indes devait forcément se reproduire et s'amplifier dans Bénarès la sainte. Par une étrange aberration mystique, la quasi-égalité de l'homme et de l'animal n'y est pas seulement proclamée, elle est rompue au profit de l'animal. Un temple a été élevé en l'honneur des vaches sacrées ; un autre temple abrite... des singes. Sans doute l'homme ne descend pas du singe, d'après la doctrine hindoue, il y monte !

Nous allons visiter ces deux monuments, fruit d'une douce folie religieuse. Dans le temple des singes, les locataires déifiés de l'endroit font tout ce qui concerne leur métier de singes, des grimaces et des cabrioles sacrées; ils poussent même le mépris de leur dignité jusqu'à accepter gloutonnement le maïs grillé offert par les simples visiteurs. Il y a en outre un hôpital de singes dans le voisinage.

Dans leur temple, les vaches ne font pas des cabrioles, mais autre chose, et cette autre chose, recueillie pieusement, purifiera certaines souillures, tapissera la demeure des fakirs, etc. Quant à nous, nous n'avons même pas eu la ressource de nous salir dévotement au contact des vaches susdites ; il nous était formellement interdit de poser le pied sur le parvis foulé par elles ! Voilà où peut conduire l'exaspération d'une idée religieuse chez des cerveaux faibles ! Et pourtant les Indes possèdent des théosophes distingués, les conceptions philosophico-religieuses sont poussées très loin dans le domaine des hautes abstractions. Alors comment expliquer ces croyances grossières ? Vraiment la mentalité du peuple hindou est bien étrange.

Au point de vue architectural: les deux temples se composent d'une cour à arcades rectangulaire, au centre de laquelle se dresse le sanctuaire. Celui-ci est surmonté d'une pyramide composée de fuseaux de pierre ouvragée, lesquels déterminent la forme de l'édifice par leur gradation. Cette conception architecturale est une des caractéristiques du temple hindou ; je l'ai déjà vue réalisée à plus de cent exemplaires dans les demeures sacrées de Bénarès. Les temples jaïn possèdent en outre une intéressante particularité : Une hampe plantée dans le cône, presque au sommet, supporte une sorte de pavillon auquel sont accrochées de légères sonnettes. La brise agitant les sonnettes les fait tinter agréablement. Ce symbole de prière est touchant ; la gracieuse poésie de l'idée fait même passer condamnation sur l'étrangeté de l'addition, au point de la rendre bientôt indispensable à l'œil.

Je n'en dirai pas autant pour la représentation sculpturale des êtres déifiés. Quelques auteurs attribuent volontiers aux hindous le génie de la déformation. Le jugement est un peu sévère au point de vue architectural. S'il est vrai que certains temples grimacent à force de surcharges inutiles, beaucoup d'autres ont de la ligne et de la noblesse.

Mais que ce jugement devient juste au point de vue de l'image ! Siva, dieu créateur et destructeur, possède en moyenne une demi douzaine de bras, le chiffre est variable; Ganesch, dieu de la sagesse, a un corps d'homme et une tête d'éléphant, etc.

Par quelle aberration nouvelle de l'esprit, l'artiste vient-il aboutir au monstre imagé, de même que le législateur religieux va s'échouer dans la conception monstrueuse ?

On est en droit d'en demander compte aux peuples raffinés des Indes. Car enfin les naïvetés, les bizarreries, les monstruosités sont admissibles chez les peuples primitifs de l'Amérique ou de l'Afrique, elles correspondent logiquement à l'intellect rudimentaire de ces peuplades ; mais il en va tout autrement pour la péninsule hindoue, berceau des civilisations antiques et foyer actuel, je le répète, de systèmes philosophiques très élevés. Tomber à chaque instant de l'abstrait doctrinal dans le concret grossier, quelle étrange opposition ! Les manifestations de ce monde oriental sont décidément bien déroutantes et confuses pour un observateur novice. Je serais curieux d'entendre disserter sur ces matières quelque théologien local, mais je ne sais où m'adresser, et je me sens d'avance embarrassé de mon rôle éventuel.

1er février.

Nous nous rendons au tope de Sarnath par une avenue bordée d'arbres aux formes puissantes et capricieuses. Les branches maîtresses étalées en panache se détachent du tronc à quelques mètres de hauteur et forment parfois au-dessus de la route un véritable pont de verdure. Je voudrais pouvoir mettre l'étiquette sur le produit et renseigner le lecteur autrement que par des généralités descriptives, mais chaque fois que j'interroge le guide il me répond un mot d'hindoustani et mes pauvres connaissances en botanique en restent toujours au même point.

Par contre, j'ai près de moi, par bonheur, M. Gallois et son livre, l'un portant l'autre; je puis donc puiser à mon choix de l'érudition orale ou écrite. Je vous transmets un peu de la seconde avec l'autorisation de l'auteur : « Le tope de Sarnath ou de la Foi est un lieu sanctifié par la présence de Boudha, mais ne renfermant pas de reliques, paraît-il. Cet édifice appartient au genre des stupa, d'après Fergusson ; c'est une sorte de monument commémoratif dont le nom tirerait son origine de Saranganath (chef des daims) et signifierait la région du parc des daims, animal dont Boudha aurait pris la forme et dont il serait devenu le chef de troupeau.

« Cette sorte de tour, appelée Dhamek, mesure 128 pieds de haut sur 43 mètres de diamètre environ ; la partie basse est faite de pierre sans mortier, avec des crampons en fer ; quant à la partie supérieure, fort dégradée, elle est en grosses briques. Le monument devait être coiffé d'un parasol, comme on l'a déjà vu. En réalité la base réelle est en partie enterrée. A l'étage inférieur elle présente huit sortes d'avant-corps peu saillants avec niches et ornements ; il en subsiste une bonne partie au nord.

« Tout autour, des débris de toute sorte jonchent le sol. A côté, un petit temple carré jaïn, surmonté d'un gracieux clocher renferme une statue en marbre noir de Boudha. »

Cakia Mouni, tel est le nom habituel de Boudha, enseigna là sa doctrine et l'on montre un banc de pierre sur lequel il aimait à s'asseoir. Sarnath est un lieu de pèlerinage très fréquenté, surtout par les Birmans et les Chinois. C'est en effet dans l'est de l'Asie que le boudhisme compte le plus d'adhérents et ce n'est pas là la moindre étrangeté de ces Indes énigmatiques ; après avoir révolutionné religieusement la péninsule, la confession nouvelle, transformation du brahmanisme, émigra vers l'est, de sorte que cette religion, essentiellement hindoue par son fondateur et ses millions d'adeptes enthousiastes, ne compte plus guère dans les Indes que par les monuments ! Elle y a été remplacée par le néo-brahmanisme.

Un peu de foi boudhique transfigurerait à nos yeux ces ruines vénérables. Elles n'en sont pas moins les reliques d'un mémorable passé religieux et un document archéologique de premier ordre (certaines parties du monument seraient antérieures à l'ère chrétienne). A ce double titre, même pour un profane privé des lumières internes, Sarnath mérite une visite attentive et recueillie.

2 février.

Avant de quitter Bénarès, je tiens à revoir le Gange et son étrange clientèle. C'est ma cinquième visite ; ce serait peut-être la trentième si j'avais passé un mois ici. La pièce qui se joue dans ce théâtre religieux est toujours la même; mais l'œil et l'esprit s'y complaisent dans les redites : la perception plus nette des mêmes choses y apporte des jouissances nouvelles, et d'ailleurs le spectacle est trop mobile pour ne pas avoir ses variantes de détail.

Tantôt la barque glisse le long du fleuve, présentant au regard le développement des ghâts avec leur foule, bariolée sur les gradins supérieurs, presque nue dans le voisinage du Gange et, dans le fond, les fières murailles des palais qui renvoient sur le tableau, comme un écran, la lumière du soleil matinal. Tantôt la barque s'arrête presque au ras du bord et je me plais à suivre celui-ci ou celle-là dans les diverses phases de l'acte de foi.

Les corps se montrent décemment du reste ; mais il me semble que je vois plus encore dans les âmes par les manifestations extérieures : les petites fleurs jetées dans le Gange, les invocations faites à la face du soleil, les mains jointes qui frappent le front de petits coups répétés, l'eau puisée dans le vase de cuivre rituel puis rejetée dans le fleuve avec une prière, les vêtements purifiés avant et après le bain, tout cela est fait avec une gravité qui ne m'étonne plus, mais continue à m'impressionner. Hommes et femmes apportent le même sérieux dans l'accomplissement de l'acte saint ; la seule différence de tenue entre les deux sexes se trouve peut-être dans les ingéniosités pudiques que la femme sait mettre à sa toilette. Et c'est ainsi que cette vaste exhibition publique, contraire à nos mœurs et si voisine du libertinage, reste toujours décente et gracieuse.

Peut-être l'intérêt du spectacle s'appauvrirait-il, donné par les seuls éléments de Bénarès ; mais chaque jour amène dans la ville sainte des cohortes de fidèles venus de tous les points de la péninsule. A chaque instant je vois apparaître sur les gradins supérieurs des groupes humains qui signalent leur arrivée par des chants, le son d'une cloche ou quelque musique. Ce sont les troupes fraîches des lointains pèlerinages, et il faut voir avec quelle ardeur elles se jettent dans la mêlée sainte. Se purifier dans le Gange à Bénarès est le vœu suprême d'un Hindou croyant ; bien que contenu, l'enthousiasme du rêve devenu réalité se lit dans l'expression des figures et le pieux empressement mis à toutes choses. Ces manifestations sont bien belles et je ne puis en détacher mon regard.

Ajoutez à cela le pittoresque du tableau : les marchands de choses sacrées avec leur achalandage multicolore, les brahmanes commentant les livres saints sous les parasols en nattes d'osier, les répugnants fakirs, solitaires égarés dans un désert d'hommes, les sages devisant entre eux par petits groupes, les vaches sacrées cheminant à leur volonté, les vautours, car l'Inde est remplie de vautours, tournoyant dans les airs au milieu des corneilles et, tranchant sur le tout, les scènes de crémation qui coupent à deux endroits l'immense représentation comme de lugubres entr'actes. Répartissez tous ces épisodes sur un amphithéâtre qui mesure plus de 2 kilomètres, en y ajoutant l'imprévu qui peut sortir à chaque instant d'un pareil concours de peuple, et demandez-vous si l'intérêt, si l'enseignement de tels spectacles peuvent être épuisés en cinq visites. Il me semble, pour ma part, qu'à chaque séance je recommence par quelque bout mon apprentissage.

Le cadre du tableau figure peu dans ces notes, et cependant il contribue grandement à le faire valoir. L'œil s'applique de préférence au spectacle mobile de l'amphithéâtre, mais parfois sur l'invitation de la bonne et chaude lumière, il s'élève plus haut parfois aussi, avec l'éloignement de la barque, l'arrière-plan s'impose davantage à l'œil. Or, cet arrière plan est une succession de palais hindous ou musulmans. De simples maisons accrochées à la robuste colline auraient déjà fière allure, les palais sont imposants.

Ce n'est point précisément aux édifices que s'adresse l'épithète ; ceux-ci récréent plutôt l'œil par leur variété qu'ils ne l'impressionnent par leur grandeur, ce sont surtout les soubassements qui apparaissent majestueux. Pour établir les constructions qui couronnent la colline et la surplombent il fallait constituer une façade à cette colline. Chaque palais se prolonge donc jusqu'au pied des ghâts par un morceau de falaise artificielle de 10, 15, 20 mètres de hauteur. Et quand des Rajads font construire un mur de soutènement à leur demeure, ils ne se contentent point d'empiler la quantité des matériaux nécessaires,ils lui donnent une allure architecturale : les soubassements ont les piliers, les corniches, les reliefs de toute sorte qui peuvent assurer aux murailles la majesté sobre des puissantes assises. Chaque architecte a travaillé à sa guise ; mais la logique nécessaire de la construction a établi une certaine régularité de plan et la ligne est bien belle dans son ensemble.

Les piliers notamment émergent presque toujours du sol sans piédestal, comme de gigantesques fusées de pierre et montent d'un seul jet jusqu'à la rencontre des palais. L'effet est original, il est surtout majestueux.

Quelques taches existent malheureusement ça et là : le Gange fouille perpétuellement la rive de Bénarès. L'importance des fondations n'a pas toujours suffi contre les colères du fleuve, et des palais entiers se sont abîmés dans les eaux, laissant apparaître à la surface de gros blocs témoins d'une grande œuvre architecturale, tandis qu'à l'arrière une énorme excavation remplace l'édifice écroulé. Ces solutions de continuité sont fâcheuses, et cependant le spectacle des ruines n'est pas lui-même sans grandeur. J'ai compté plus de vingt palais juchés sur leur rempart de granit, car chaque rajah voulait avoir son pied à terre ou son pied en l'air, comme on voudra, dans la ville sainte, et chacun d'eux rivalisait avec ses voisins par le faste de la construction.

La longue façade urbaine est complétée par la mosquée d'Aureng Zeb, quelques groupes de maisons bien campées, cinq ou six aiguilles de temples, et les débouchés des rues. La perspective est d'autant plus imposante que la falaise constituée de la sorte décrit une courbe exactement épousée par le fleuve. Une plaine longue, monotone et discrète s'étend sur l'autre rive, si bien qu'aucun relief de terrain ne vient diminuer la valeur du piédestal ou supprimer quelque effet de lumière. C'est vraiment fort beau.

9 février.

Notre départ pour Calcutta est un peu retardé. Je profite de ce petit supplément de séjour pour retourner au Gange. Au lieu de prendre une barque, je me faufile à travers la foule des « Ghâts ». Cela me permettra de saisir les scènes de détail dont je n'avais pu avoir la perception très nette des bords du fleuve.

Tout d'abord je découvre une infinité de petits temples ou réduits que les plissements du terrain ne permettaient pas d'apercevoir sur l'eau.

Les réduits paraissent être surtout des fragments d'édifice écroulés, ils abritent les fakirs, servent de remise aux articles de dévotion, ou s'élèvent même à la dignité de sanctuaires. Les autres, minuscules édifices bâtis dans une intention religieuse, sont des chapelles consacrées aux différents cultes.

Je m'arrête longuement devant l'un d'eux. Un linga sacré et deux petits autels sont dressés à l'intérieur sous la garde de deux brahmanes. Les fidèles défilent sans cesse dans l'étroit parvis ; le vase de cuivre rempli d'eau sainte d'une main, une cuiller de bois dans l'autre, ils jettent dévotement quelques gouttes d'eau sur chacun des autels et se retirent. Les plus riches portent en outre une sébille de métal remplie de fleurs qu'ils sèment sur les statuettes et, puisant dans un autre plateau minuscule, ils ajoutent une pincée de riz au petit tas alimentaire en formation devant le prêtre : sa nourriture quotidienne est assurée de la sorte.

Je poursuis ma route au milieu du va et vient des baigneurs, des barbiers, des manucures, des masseurs, — ils sont légion — qui procèdent en plein air à la toilette de leurs clients. Des gens graves expliquent certains passages des livres saints ou récitent leurs prières, tandis que des voisins s'occupent à écosser des pois.... On cuisine, on prie, on fait sa toilette profane et sacrée, on trafique, on fait tout sur les bords du Gange, et le soleil dispensateur de la belle et bienfaisante lumière diffuse également sur cette douce population les gais sourires de son disque naissant.

Plus loin la population est un peu moins dense, les vaches sacrées en profitent pour cheminer dans la foule ou dormir au soleil.

Je m'aperçois, une fois de plus ici, que je tombe dans certaines redites ; mais il ne peut guère en être autrement dans une reprise de tableau d'ensemble.

Tout près d'un palais écroulé, je vois peser du bois dans une grande balance rustique, chargée de pierres en guise de poids. Cela sent l'appareil des funérailles et, en effet, derrière le sinistre chantier, quelques cadavres sont étalés sur la grève, attendant des places libres. Ici les morts font. . queue comme les vivants à la porte des théâtres. Sur l'un des socles où j'ai déjà pris place, un énorme bûcher flambe : c'est le corps d'un notable qui se consume; les riches ont les honneurs du piédestal, et la quantité de bois augmente avec la valeur du défunt; les cendres seront recueillies et conservées. Quant aux pauvres, ils achèvent leur existence, comme ils l'ont vécue, sur la grève inhospitalière, et ce que la flamme a laissé de leurs corps se dissout dans le Gange ou dans l'atmosphère. J'interroge de nouveau les figures des assistants et je constate partout la même placidité. Décidément la conclusion de la vie terrestre touche peu les âmes hindoues !

Des temples de différents cultes plus gracieux et plus vastes que les autres sont groupés dans le voisinage. Ma science un peu plus grande des symboles religieux me permet cette fois de saisir les grandes lignes de démarcation établies par les fidèles eux-mêmes : le jaïniste avec le point rouge au milieu du font, le fidèle de Siva avec un certain nombre de barres blanches ressemblant à une portée de musique, le fidèle de Vichnou avec deux barres verticales et un point au centre. Chacun porte ainsi pieusement, orgueilleusement peut-être, sa profession de foi affectée sur le front. Plusieurs sous-cultes, ayant aussi leur signe distinctif, se sont greffés sur ceux-là ; mais je renonce par impuissance à faire l'inventaire de tous ces fronts symbolisés.

Les religions de l'Inde sont une forêt touffue dans laquelle il est bien difficile d'éclairer sa route. Fussé-je tout autre chose qu'un néophyte, je n'entreprendrais point en cette matière l'éducation du lecteur. Il est à craindre toutefois que, dépourvus de commentaires, certains termes employés dans ces notes ne restent des énigmes. Je me résigne donc, pour l'intelligence de mon propre texte, à quelques explications aussi sommaires que possible.

Le *Védisme* religion primitive des Indes, tire son nom des Védas, livres sacrés écrits 1,000 ou 2,000 ans avant l'ère chrétienne. Cette religion divinisait les forces de la nature. Elle n'avait ni temples, ni clergé ; le culte, purement familial, consistait en prières et en offrandes.

Le *Brahmanisme* codifia les doctrines imprécises du Védisme et remplaça le naturalisme par les abstractions théologiques. L'idée d'un Dieu créateur de l'Univers se personnifia dans Brahma, autour duquel gravitèrent Indra, Vichnou, Siva, divinités plus ou moins spécialisées dans certaines fonctions, et la plupart des bons et mauvais génies des époques antérieures.

Le Brahmanisme établit la croyance à l'immortalité de l'âme par la transmigration et divisa les Hindous en castes, réservant aux brahmanes seuls le bonheur éternel, tandis que dans les castes inférieures, l'âme reste ballottée dans des renaissances qui n'améliorent point sa condition.

Cette répartition arbitraire d'êtres semblables en castes inégalement traitées ne pouvait que provoquer des mécontentements en bas et une réaction généreuse chez les cœurs haut placés.

Telle fut la principale raison d'être du *Boudhisme* inspiré des doctrines brahmaniques, mais basé sur l'égalité et l'amour du prochain. L'apôtre de cette nouvelle religion fut le prince Siddharta qui vivait au VIe siècle avant Jésus-Christ et fut connu dans la suite sous les noms de Cakia Mouni et de Boudha. La nouvelle doctrine, plus pessimiste encore que l'autre puisqu'elle aboutissait à l'anéantissement dans le Nirvâna, resta prépondérante aux Indes pendant quatorze siècles, puis elle émigra presque complètement, comme je l'ai dit, vers la Birmanie, la Chine et le Japon dont elle constitue à l'heure actuelle la religion fondamentale.

Des influences politiques, la domination trop pesante des bonzes, l'incessante action des brahmanes alliés aux djaïnistes, autre secte schismatique de l'ancien brahmanisme, avaient déterminé une nouvelle évolution religieuse qui fut l'*Indouisme* ou néo-brahmanisme. L'Indouisme est en quelque sorte une refonte des religions antérieures : les idées, les dogmes, les mythologies diverses s'y amalgament en un tout assez incohérent, qui fournit aux neuf-dixièmes de la péninsule ses croyances actuelles. La Trimurti, trinité indienne, composée de Brahma, Vichnou et Siva, préside de nouveau à la transformation polythéiste : Brahma, divinité créatrice honorifique, Vichnou et Siva, unités actives, dispensatrices du bien ou du mal, ou de l'un et de l'autre, suivant les régions. Chacun des trois dieux a une épouse « cakti », soit trois divinités nouvelles, et tout un cortège de divinités inférieures, de génies et de démons fait escorte à la trinité suprême.

Pourquoi tel dieu possède-t-il telle attribution et non telle autre ? Pourquoi des fonctions contradictoires se confondent-elles dans la même personne ? C'est affaire à la subtilité des brahmanes de l'expliquer et à l'âme complexe des Hindous de l'accepter.

Au point de vue dogmatique, l'Indouisme proclame l'immortalité de l'âme et ses transmigrations successives jusqu'à l'absorption dans Brahma devenu accessible à tous.

Ce n'est pas sans peine que l'on peut dégager ces quelques lignes générales d'une législation religieuse aussi compliquée. Je n'ose aller plus loin de peur de m'égarer et, déjà peut-être, ce timide essai, soumis à quelque docte brahmane me ferait-il condamner comme hérésiarque.

Je n'ai point pensé à noter ici le temple doré consacré à Siva, et pourtant il est bien intéressant à un double titre : ses portiques tourmentés, sa calotte d'or et ses ornements bizarres le signalent à l'attention ; en outre, l'incessant défilé des fidèles porteurs d'offrandes, le tintement du gong et surtout l'apparition des scènes intérieures éclairées à la lueur du camphre, donnent un caractère diabolique aux cérémonies. Il convient d'ajouter que l'œil du profane a seulement droit au spectacle par un petit judas ménagé dans la muraille extérieure : le quasi-mystère de la vision n'en est que plus saisissant.

A côté du temple se trouve la vache en pierre coloriée, incarnation de Vichnou, et le puits de la science au fond duquel erre l'âme de Boudha: ce rendez-vous religieux est la première étape des pèlerins lorsqu'ils pénètrent dans Bénarès.

Toute cette partie de la ville où les hautes maisons de quatre étages en surplomb semblent se ruer les unes sur les autres, comme à l'assaut du lieu saint, est absolument typique. Lorsqu'au déclin du jour la lumière finissante vient éclairer mystérieusement les silhouettes mortes des maisons qui s'entrechoquent et les silhouettes vivantes des fidèles empressés vers le temple, le spectacle prend même un caractère fantastique, et je me suis plu à le considérer longuement.

Bénarès ! Bénarès ! Quelles étranges visions tu présentes au regard d'un Occidental et quels regrets de ne pouvoir mieux pénétrer l'énigme qui t'enveloppe ? Mais qui sait ? le problème non résolu conserve peut être un charme de mystère bien supérieur à la satisfaction d'une vérité conquise. Pour ma part, j'avoue que tout ce que je vois, tout ce que j'observe, me trouble délicieusement ; je ne vis ici ni sur ma terre, ni dans mon siècle. En toute vérité, je n'imagine même pas que les antipodes puissent être aussi éloignées, je n'imagine pas davantage que les vestiges d'une cité morte puissent provoquer une évocation du passé comparable au spectacle mobile, vivant, actuel, étalé en permanence sous mes yeux.

J'ai lu quelque part que la visite du Taj Mahal valait à elle seule le voyage aux Indes. Cela m'a paru exagéré. Au risque de sembler téméraire à mon tour, je reprends l'affirmation pour l'appliquer à Bénarès.

Ceci dit, je m'empresse toutefois de revenir à ma thèse précédente, et je prie le lecteur en mesure de juger un jour sur place de ne point permettre à ses facultés imaginatives un petit voyage préventif capable de provoquer les habituels désenchantements.

4 février.

Nous voici en route pour Calcutta. Désireux d'effectuer pendant le jour un parcours, nouveau pour moi, nous nous arrêtons à un point intermédiaire, Patna, ville de 150,000 habitants. Hélas ! il eût fallu traduire « 150,000 natifs ». Pas un Européen n'habite cette cité essentiellement hindoue. Pas le moindre bout d'hôtel en ce désert d'hommes indigènes. Le bungalow le plus proche est à 8 milles; une mauvaise voiture nous y transporte cahincaha, et à onze heures du soir nous obtenons enfin d'un hôtelier mal réveillé un semblant de repas qui met la plus grande mauvaise grâce à se réchauffer. Ne pas trouver à manger près de 150,000 individus doués d'un estomac comme soi-même ! Les famines hindoues prendraient-elles donc la fantaisie de se retourner contre les Européens ?

A quelque chose malheur est bon ; nous avons eu le plaisir de voir le long de la route une grande ruche humaine en travail, et nous avons croisé deux mariages avec leur cortège de torches et de musiques. Nos yeux rassasiés de la sorte nous ont permis d'attendre plus philosophiquement.

Les points de repère de notre pérégrination à travers les Indes présentent cette caractéristique non-voulue de nous faire visiter ce qu'on pourrait dénommer les diverses métropoles du pays. Après Bombay, capitale commerciale, est venue Delhi, capitale indigène, puis Bénarès, capitale religieuse, et voici Calcutta, capitale administrative.

Calcutta est une grande ville quasi-européenne où les édifices ont une honnête et franche allure occidentale. Cela repose des prétentieux mensonges de Bombay et, pour négatif que puisse être le spectacle, il possède au moins le mérite de ne pas agacer l'œil.

Ce n'est point d'ailleurs Calcutta, mais bien Darjecling qui nous attire de ce côté. Darjecling est le promontoire naturel, l'éperon de roche enfoncé par Dieu dans la chaîne du nord, sans doute pour permettre à l'homme de mieux admirer la plus magistrale de ses œuvres, l'Himalaya ! Traverser la péninsule sans chercher à saluer les plus hauts pics du monde serait un blasphème artistique. Nous ne commettrons point ce blasphème, mais il nous en coûtera quarante-quatre heures de chemin de fer. Aux Indes, il est vrai, un tel déplacement n'est qu'une grande promenade : les notables de Calcutta ont leur résidence d'été à Darjecling.

La campagne, pittoresque d'abord par ses plantations de cocotiers, bananiers, papayers, devient ensuite banale tout en restant fertile, mais à mi-chemin une intéressante particularité se présente. Tout à coup le train s'arrête. Qu'y a-t-il donc ? Tout simplement le Gange qui fait encore des siennes ici. Ce fleuve aussi instable que sacré a pris depuis des siècles la mauvaise habitude de folâtrer dans les campagnes et d'y couler à sa guise. Pas moyen d'établir un pont, le sable est mouvant et le fleuve ferait peut-être aux ingénieurs la mauvaise farce de passer à côté de leur ouvrage.

On s'est donc résigné à attaquer, où elle se trouve, cette barrière mouvante de 600 mètres; le train se vide dans un bateau, lequel se déverse à son tour dans un convoi posté sur l'autre rive.

L'opération dure trois quarts d'heure pendant lesquels le dîner est servi à bord. Je le regrette presque, car la traversée nocturne d'un fleuve entouré de légendes séculaires et sacrées est bien faite pour surexciter l'imagination.

Vue, par contre, avec les simples yeux du corps, l'eau sainte se dépouille lamentablement de son auréole; elle coule bêtement, limoneuse et lourde, entre deux rives jaunâtres, plates et sans caractère.

Après une nuit passée tout au long d'une campagne insoupçonnée, probablement monotone comme la précédente, le convoi atteint Siliguri. Nous sommes au pied des contreforts de l'Himalaya; la fête des yeux va commencer. Un train minuscule, à voie très étroite, nous emporte au gré de sa petite allure trottinante et nous voici tout d'abord dans la jungle : partout de hautes fougères,inextricable fouillis de végétation, forment un premier dôme de verdure; puis çà et là, perçant cette voûte de feuillage de ses troncs vigoureux, une flore alternativement méridionale et septentrionale vient balancer ses puissants panaches audessus de nos têtes.

A certains moments, dans un effort d'escalade, le train joujou gravit une crête, et alors le regard domine la masse de verdure tapie dans un vallonnement de la montagne, puis s'enfonçant dans un gradin supérieur de la forêt, allant retrouver d'autres expositions de lumière, il nous met en contact avec des essences nouvelles, ou nous livre de lumineuses échappées sur la plaine. C'est vraiment fort beau.

Faut-il ajouter que les parties basses de la forêt possèdent une faune remarquable, mais bien gênante. Les panthères, les chacals, les tigres royaux ou simplement princiers y ont élu domicile, et la curiosité placide qui s'attache au paysage s'avive ou s'inquiète à la pensée des hôtes installés dans le voisinage.

De temps en temps quelque indigène devient la pâture de ces carnassiers ; mais l'hindou fataliste ne change pas pour si peu ses habitudes de résidence. On est fait à cela comme à un mal nécessaire : les statistiques accusent une moyenne annuelle de 25,000 décès parpiqûres de serpents et 5,000 par attaques de fauves.

Le petit convoi continue à monter à travers les pentes boisées, les crêtes nues, les hameaux, et, à mesure qu'il monte, une double sélection, végétale et humaine s'opère sous nos yeux. Aux bananiers, et aux dattiers succèdent peu à peu, les plantations de thé, puis les platanes et les pins. De même, l'hindou de la plaine au visage ovale et au teint bruni fait peu à peu place au véritable possesseur de ce sol montagneux. La face s'élargit, les yeux se brident, la peau se cuivre et s'éclaircit, le corps est plus chaudement habillé, la toque (à la Louis XI) remplace le turban. Nous sommes en face du Thibétain.

Si logique que puisse être cette double transformation d'espèce, l'observation n'en est pas moins piquante et récréative pour l'œil.

7.000 pieds. Le train est au niveau de Darjecling et contourne le plateau sur lequel est installée la charmante ville. Le Kinchinginga devrait nous apparaître ici dans toute sa majesté, mais Sa Majesté le roi des monts enveloppe aujourd'hui toute sa personne d'un épais manteau de nuages. Attendons à demain et que les vents nous soient favorables.

A 5 heures du matin, on frappe discrètement à ma porte. Tous les alpinistes connaissent et souhaitent cet appel matinal. Il signifie que la montagne va s'illuminer aux feux du soleil levant et qu'il faut se hâter, de peur qu'un rideau de buées ne vienne couvrir la scène.

Effectivement, le Kinchinginga se présente à nous dans sa colossale et blanche nudité, les premiers plans nets déjà, les seconds encore imprécis et sans lumière, puis le soleil monte, la masse s'échauffe, se colore. C'est magnifique. J'ai vu déjà nombre de paysages alpestres ; mais l'effet d'ensemble que je rencontre ici est tout à fait imprévu. La base du massif est noyée dans une pénombre bleuâtre qui se confond presque avec le ciel, de telle sorte que la région haute semble aérienne, elle est pour ainsi dire suspendue dans les airs. Cela tient à deux causes : le régime des neiges éternelles ne commence qu'à

4,000 mètres sous cette latitude, et le massif est à 75 kilomètres.

A cette distance la couleur brune des terres est presque perdue pour l'œil ; seule l'immaculée blancheur des glaciers peut renvoyer nettement la lumière reçue. C'est fort curieux et surtout très beau.

De notre poste d'observation nous n'apercevons pas le Georizanker, le point le plus élevé du globe, 8,800 mètres. Sa cime blanche, perdue plus ou moins dans le vague de l'horizon, n'est visible que du Tigré, promontoire de 3,000 mètres et elle ne produit aucune impression de grandeur. Faire une telle ascension pour se procurer le plaisir unique en enfantin d'entrevoir le plus haut piton de la terre ne me paraît pas désirable. Je me contente du Kinchinginga, beaucoup plus majestueux avec ses 300 mètres de moins que son chef de file.

Je suis donc en face de la plus formidable barrière dressée par la nature. Toute vie s'est retirée de ces hauteurs. Aucun être humain n'a pu fouler ces sommets inviolés. Derrière c'est l'inconnu du grand plateau thibétain... Toutes ces considérations agissent puissamment sur mon imagination, et l'étrangeté du spectacle s'augmente encore en mon esprit, lorsque ma pensée se reporte vers les points de comparaison d'Europe.

Nos pics alpestres ont perdu leur mystérieuse virginité; leurs sommets sont violés et connus : ici les aigles eux-mêmes ne peuvent couronner les sommets de leur vol.

Nos Alpes sont franchissables. Partout des passes situées à 2,000 ou 2,500 mètres permettent les échanges vitaux entre diverses contrées. Ici le nord et le sud ne peuvent se rencontrer que par des cols de 4 à 5,000 mètres, impraticables presque toute l'année. Que se passe-t-il derrière cette muraille? On a pu se le demander pendant bien longtemps, puisque les deux régions étaient fermées l'une à l'autre et maintenant encore les quelques échantillons humains qui s'extravasent à travers l'Himalaya ne sont en quelque sorte que des gouttelettes échappées d'un vase poreux.

Et c'est cet amoncellement de matériaux, muraille de mort unique au monde que je suis venu chercher et que j'ai maintenant sous les yeux. Il faudrait être de marbre pour ne pas se laisser impressionner par un tel spectacle.

Pour être sincère, je dois reconnaître toutefois que la majesté du tableau s'impose plus à mon imagination qu'à mon regard. L'œil n'est point fait à ces choses énormes ; il ne les admire point suffisamment faute de pouvoir les mesurer.

Je sais que cette montagne à 8,500 mètres, presque le double du Mont-Blanc, et la preuve je la trouve en moi-même, malgré la distance qui me sépare d'elle, je dois lever un peu les yeux pour en considérer le sommet. Pourtant, mon œil livré à lui-même refuserait tout aussi bien la donnée de hauteur que celle de distance.

C'est que la loi de dégradation décroissante dont notre œil ne peut s'affranchir ne lui permet pas d'apprécier les grandes choses à leur valeur réelle. Portons par exemple au double la masse du Mont-Blanc, la nouvelle montagne semblera-t-elle doublée pour l'œil ? En aucune façon. Et, si maintenant nous entassons Mont-Blanc sur Mont Blanc, les unités successives perdront de leur valeur apparente à mesure que la masse s'élèvera dans les airs.

Il en est forcément de même pour le Kitchinginga. Dans quelles proportions le colosse paraît-il plus majestueux que le Mont Blanc ou la Jungfrau, je ne puis le déterminer ; mais je n'ai pas eu l'impression d'une masse portée du simple au double et il en est résulté pour moi une petite déception.

Mais ceci est en somme le procès de nos yeux insuffisants ou de notre imagination trop gourmande, non celui du

Kinchinginga, puisque la vérité est là, évidente, incontestable. N'accusons donc que l'infirmité de notre être et ne nous acharnons point autrement à des constatations sans objet. Qu'elle affirme on non pour l'œil ses 8,000 mètres d'altitude, la barrière du Kitchinginga est formidablement belle. Admirons-la sans réserve, puisqu'elle est admirable.

Pendant que nous contemplons les effets d'une lumière grandissante sur le massif, maintenant en pleine vie, un gentleman, professeur à l'Observatoire voisin, nous apprend que la chaîne est restée voilée depuis une quinzaine de jours. Oh ! faiblesse humaine ! les déconvenues répétées d'autrui suffisent pour aviver aussitôt notre joie égoïste, et le spectacle qui n'a point changé nous paraît plus beau que jamais !

La route qui de l'Observatoire mène à l'hôtel traverse la place publique de Darjecling. Un marché s'y tient en permanence; et c'est aujourd'hui le rendez-vous hebdomadaire des paysans. L'aubaine est trop précieuse pour être manquée : nous nous mêlons à la foule montagnarde. Tout les produits du pays, sorgho, thé, maïs, mil, riz, tabac, peaux de bêtes féroces, ouvrages en bois et quincaillerie d'Europe sont posés pêle mêle sur la voie. L'activité commerciale se manifeste partout par d'extraordinaires marchandages ; mais la partie la plus intéressante du tableau c'est encore la vente des curiosités offertes aux étrangers.

Les femmes surtout s'empressent autour de nous pour nous céder le plus cher possible des bijoux de toute sorte, bracelets en argent, bagues, énormes boucles d'oreilles incrustées de turquoises, etc., et, chose typique, le comptoir de la marchande, c'est presque toujours la marchande elle-même ; elle détache de son oreille la pendeloque, de son doigt la bague, etc., qu'elle espère vous vendre. Sans doute les étrangers ont voulu acheter à l'origine des bijoux portés, pour avoir quelque garantie de couleur locale et d'authenticité et, peu à peu, les femmes ont pris l'habitude de transporter leur marchandise avec elles.

L'habitant de Darjecling est un Thibétain du Sud chauffé par le soleil. Il est vif, alerte, empressé et se rapproche en cela de l'Hindou, mais quelle différence physique entre les deux types ! La peau jaunâtre ou cuivrée, la face large et aplatie, les hanches épaisses, le vêtement de laine, la chevelure lustrée à l'huile, le visage tatoué parfois de taches de rousseur voulues, tout cela indique une race différente. Je suis même frappé de voir une différence aussi radicale s'accuser à si peu de distance. La montagne, dès ses premières assises, appartient bien au Thibétain ; l'Hindou ne s'y trouve guère qu'au service de l'Européen ou de l'administration et le joug anglais ne semble point avoir eu raison de cette race montagnarde comme de celles de la plaine. L'homme de Darjecling ou des environs veut bien vivre de l'étranger et le servir, mais il ne s'effondre plus devant lui comme l'Hindou ; aussi ce nous est devenu une surprise d'avoir à nous frayer un chemin dans une foule qui s'occupe avant tout d'elle-même. Mais le contraste est bien intéressant.

Darjecling occupe une position superbe en face de l'Himalaya. Je ne vois aucun point connu de l'Europe occidentale qui puisse lui être comparé.

Enfoncé comme un éperon dans les flancs de l'Himalaya ou, si l'on veut, légèrement détaché de ses contreforts, il est enveloppé sur ses fronts ouest, nord et est par des gorges ou vallées de 500 à 1,000 mètres de profondeur. Cette rainure naturelle est faite à souhait pour déchausser les montagnes voisines et les mettre en valeur. Darjecling devient de la sorte un admirable poste d'observation.

En outre, grâce à ces énormes dépressions, les routes circulaires qui enserren là ville deviennent toutes d'admirables chemins de corniche. Que le promeneur lève ou abaisse les yeux, il a toujours quelque chose à admirer,et si, par hasard l'œil est arrêté, par un premier plan, c'est qu'un débordement de frondaison trop luxuriante vient interposer la délicate transparence de son feuillage. Toutes les promenades de Darjecling sont délicieuses et passionnantes ; le grandiose s'y mêle perpétuellement au gracieux, car à travers les séductions d'une aimable et riche végétation ou derrière les contours empanachés d'une colline, quelque silhouette puissante de l'Himalaya intervient tôt ou tard pour constituer le fond du tableau.

Au cours d'une de mes promenades sur les contours du promontoire, je viens de faire une intéressante observation. L'un des belvédères plus où moins façonnés de l'escarpement avait attiré mon attention. J'y grimpe, comme l'eût fait à ma place tout amateur de la belle nature, et je cueille au sommet une satisfaction. Darjeeling est boudhiste : ce tertre, lieu profane pour les Anglais est un lieu de pèlerinage poùr les Thibétains. En face de l'Himalaya figé dans son immobilité sépulcrale, des milliers de rubans couverts de caractères sacrés flottent au vent; des petits moulins, sortes de bilboquets, renfermant des rouleaux de papiers liturgiques, sont agités ; des prêtres tournent autour d'un édicule couvert d'ex-voto, un sorte de chapelet à la main ; des clochettes retentissent, c'est la prière, sous ses diverses formes qui monte vers Dieu dans le calme du soir. C'est charmant de symbolique simplicité, et moi qui me contente, en jouisseur, d'admirer le Créateur dans ses ouvrages, je me trouve bien profane à côté de ces gens dont la vie s'accompagne de perpétuelles manifestations religieuses.

A tout prendre cependant, nous sommes bien loin ici de l'ardente foi de Bénarès, La prière est fréquente, mais elle se fait un peu trop par procuration. Ces brindilles d'étoffe qui s'agitent, ces petits moulins qui tournent, c'est un moyen pratique de prier sans se donner grand mal. En faisant pivoter un peu vite son moulin, on a bientôt aligné un kilomètre d'oraisons ; l'intention traduite en fait par ce procédé commode n'est peut-être point très méritoire et j'admire un peu plus les théories des pèlerin venant à pied du fond de l'Inde vers Bénarès, la double besace sur l'épaule. Le tableau est dans tous les cas fort typique et, comme je cherche du pittoresque je suis pleinement satisfait.

Voici le 3e jour que je passe à Darjecling

j'ai parcouru les bosquets pour admirer les épanouissements d'uue flore enchanteresse ; j'ai parcouru les routes tournantes pour scruter le fond des vallées baignées d'une lumière diffuse; j'ai gravi les monticules pour mieux jouir des panoramas alpestres ; sans même faire un pas, j'aperçois à tout instant de ma fenêtre les pics géants du groupe central et, par la plus heureuse des bonnes fortunes le so'eil affranchi de tout obstacle promène sur l'horizon une lanterne magique chaque jour mieux éclairée. Je ne me rassasie pas; mon appétit de belles choses choses ne fait au contraire qu'augmenter avec les jouissances perçues. Quel malheur de porter en soi, sans avoir épuisé le besoin du beau ! Et par quel étrange arrangement des choses, une race aussi laide que la pittoresque population thibétaine peut elle habiter un pays aussi magnifique !

Le Kintchinginga s'était montré bien maussade à notre arrivée. C'est du reste la seule note fâcheuse de l'excursion. Il se montre radieux à notre départ, et, tandis que le petit train contourne le plateau je puis encore le contempler pendant près d'une heure. Un tournant de la route le fait disparaître tout d'un coup et sans retour. Renversant alors l'ordre de marche, je m'imagine l'éblouissante vision qui doit subjuguer les arrivants à partir de ce même point. Elle nous a été refusée.

Le train atteint la forêt vers le déclin du jour : à ce moment une grande torchère est placée en tête de la locomotive. Ce panache de feu qui serpente à travers le feuillage noir a quelque chose de sinistre, bénissons-le toutefois, puisqu'il maintient messieurs les tigres à distance convenable.

L'Européen qui ne suit pas les grandes chasses n'a guère l''occasion de voir des bêtes féroces ou des serpents. Il s'en approche d'ordinaire sans se douter du voisinage. Par contre, les oiseaux de proie, les vautours notamment, s'imposent perpétuellement à son regard ; ils volent parfois en bandes compactes ou se reposent par nichées, mais on n'y prend pas plus garde qu'aux simples corbeaux, leurs voisins habituels.

10 février.

Hier nous cueillions de la neige dans le creux des vallons exposés au nord, aujourd'hui un simple veston de drap léger nous pèse sur les épaules. Calcutta nous possède et nous cuit de nouveau ! Nous prenons un peu de fraîcheur en visitant de préférence les magnifiques squares ou parcs de la ville ; nous traversons l'Hougly en face de baigneurs nombreux, ce qui nous rappelle que la rivière de Calcutta est une fille perdue du Gange, et, après une visite au très aimable consul général, nous regagnons en une demi-heure, notre cher pays de France.

Entendons-nous, il s'agit en l'espèce, d'un tout petit morceau de France, ballotté sur l'eau, du paquebot *Dupleix*, chargé de nous transporter à Colombo ; mais le drapeau français flotte à l'arrière du navire, les maîtres de l'endroit sont des Français de cœur et de langue, et je vous assure qu'après une longue pérégrination en pays étranger, il est agréable de faire, même sous cette forme, une première étape sur un petit coin expatrié de son pays natal.

J'hésitais à noter ici une petite mésaventure personnelle. Toute réflexion faite, j'estime préférable de ne point la passer sous silence, notre épreuve sera peut-être profitable à quelques voyageurs de l'avenir.

Nous avions fait venir de Pondichéry, le boy Cheick Sultan, qualifié par moi « providence à 2 pieds ». Hélas ! les pieds de ma providence étaient d'argile et la statue que j'avais dressée dans un premier enthousiasme s'est bientôt renversée d'elle-même. Cheick Sultan était un excellent guide ; il y a quelques années, mon compagnon, M. Gallois, avait été enchanté de ses services. Ce même Cheick était fort peu serviable et déplorablement insuffisant cette fois.

D'où provenait la métamaphose? Tout simplement de ce fait que, dans l'intervalle, Cheick avait été le boy de certains jeunes gentilshommes désœuvrés, volontiers gaspilleurs de temps et d'argent, Cheick avait gravité dans cette poussière d'or et de fainéantise ; il s'y était plu. Lorsqu'il s'est agi de reprendre honnêtement et pour le denier habituel son métier de boy, notre homme était gâté. Les vaches maigres que nous pouvions offrir étaient des squelettes en comparaison des vaches grasses qui les avaient précédées. Cheick nous le fit sentir en ne faisant plus que le quart de sa besogne, d'assez mauvais gré par surcroît.

Nous décidâmes finalement de renvoyer dans ses foyers cet excellent disciple d'Allah qui ne savait plus que se dévouer à sa propre personne et, un beau jour, dans Calcutta, nous lui donnâmes son exeat avec la somme due, mais sans un maravédis de gratification ni l'indemnité de vêtements plus ou moins consacrée par l'usage.

Là-dessus, fureur de Cheick, qui se jette à la tête de nos chevaux et ameute les natifs. La badauderie semble suinter à travers les murailles de Calcutta : en deux minutes, la rue débordait de curieux. M. Gallois, âme compatissante, veut céder ; moi je résiste, mais impossible de neutraliser l'éloquence de Cheick par un seul mot d'hindoustani. Et nous devions prendre le train de Darjecling une demi-heure plus tard.

Fort heureusement un monsieur fort aimable de Marseille, que j'avais connu sur les bords du lac d'Annecy, m'avait fait remettre un mot pour un notable commerçant du voisinage. L'intervention de celui-ci changea la face des choses ; les cipayes, sortant de leur passivité, firent de la police à notre profit, écartèrent la foule qui continuait à grossir et nous pûmes sortir de la bagarre avec tous les profits de la guerre et de la justice.

La morale de ce petit incident, c'est que l'audace des domestiques, des fournisseurs, des hôteliers est faite de la faiblesse des voyageurs. Tout excursionniste qui accepte une exaction par faiblesse de caractère ou fait quelque prodigalité par ostentation est un frère ennemi ; — il rend la besogne plus difficile pour ceux qui viendront après lui. Nous n'aurions pas eu cette désagréable aventure si les derniers touristes n'avaient pas été des gâte-métier.

J'entends à chaque instant des voyageurs se plaindre d'avoir été mal servis et volés par surcroît et la plupart de ces braves gens qui dépensent tant de forces en lamentations stériles n'en ont pas employé un atome pour réagir au moment voulu. Réagissez donc, mes chers confrères en voyage, vous servirez ainsi la cause commune et... la vôtre.

Trois jours de mer nous amènent à Pondichéry. Je suis content d'aborder sur cette terre française et navré d'avoir à la trouver si réduite. Quelques kilomètres carrés, semés de petites enclaves anglaises, voilà ce qu'il nous reste de l'empire créé par Dupleix.

Tout rappelle à notre souvenir le vaillant explorateur : le bateau qui nous amène porte son nom, sa statue se dresse en face de nous sur la plage. L'hommage posthume est méritoire, mais un peu plus de justice pendant la vie du grand homme méconnu eût mieux fait ses affaires et celles de la France. Hélas ! les siècles passent sans changer notre tempérament national : emballement éphémère pour certaines fausses gloires, ingratitude momentanée pour les véritables, réaction finale du bon sens qui remet tout à sa place sur le tard, trop tard bien souvent ! Des statues comme celles de Dupleix sont un enseignement, mais un enseignement tronqué : il y manque, en manière de pilori, le portrait des contemporains qui ont contrecarré l'œuvre du fondateur.

Si petit qu'il apparaisse, le lambeau qui reste à la France valait d'être conservé. Toute cette partie de la côte est couverte d'une végétation luxuriante. Ce n'est plus l'Inde centrale avec ses maigres maisons ou même ses grands espaces désertiques : la terre est grasse, abondamment arrosée ; tout autour des rizières, les cocotiers, les palmiers poussent avec vigueur sous l'action d'une humide chaleur méridionale, et le manteau de verdure est si fourni que la campagne prend à l'œil un aspect très riant, très varié même, malgré l'absence de tout relief du sol.

La vue du port ne m'étonne pas moins : je m'attendais à voir embossés devant Pondichéry un ou deux petits bateaux de cabotage, miettes d'un commerce maritime que je supposais concentré à Madras. Quelle n'est pas ma surprise d'apercevoir cinq grands cargo-boats en chargement, sans compter la menue flottille. Et il s'agit là d'un cas normal, nullement exceptionnel. La culture des arachides a produit cette métamorphose ; depuis quelques années, Pondichéry est devenu un centre d'exportation de ces précieuses graines. Malheureusement, s'il est vrai que la fortune « vient en dormant », peut-être convient-il de ne point trop dormir,et nous dormons trop. Ce produit, amené sur un marché français et embarqué dans un port français est accaparé par des maisons étrangères.

C'est lamentable ; mais, comme il reste à la colonie d'appréciables avantages indirects, félicitons-nous, faute de mieux, de ce résultat relatif et souhaitons que nos circonvoisins, les Anglais, ne se reprennent pas maintenant à convoiter un lambeau de chair qui se permet de revenir à la vie.

J'ai parlé du port de Pondichéry, par défaut de terme exact. En réalité, il n'y a ici ni port ni rade, mais un simple warf qui reçoit les marchandises, en cas de mauvais temps moyen. Si la mer est franchement mauvaise, les navires gardent ou reprennent le large jusqu'à ce que le calme revienne. Ce ne sont point là des conditions d'entrepôt maritime bien fameuses, mais la côte de Coromandel se montre partout revêche au commerce des hommes : grâce à cette égalité de mauvais traitement, Pondichéry n'est l'inférieure d'aucune autre cité concurrente, Madras excepté.

Nous montons en « pousse » pour parcourir la ville. Le pousse c'est l'adaptation de l'homme au métier d'animal de trait. En Europe, le monopole de la traction est réservé au quadrupède ; il se partage ici entre le cheval, le zébus, l'éléphant et le bipède humain. C'est du progrès à rebours, mais, à voir la cohue de traîneurs qui veulent nous imposer leur attelage, l'homme traîne son semblable, et vieillit ici sous le harnais sans paraître en ressentir la moindre humiliation.

Ces petites réserves de dignité humaine formulées, il faut avouer que le mode de locomotion est charmant, la voiturette trottine sans bruit, sans poussière, sans cahot, et le natif vous remorque avec la vitesse d'un cheval au trot. Le pousse de Pondichéry possède en plus cette particularité que le voyageur tient en main, s'il le veut, les rênes, c'est-à-dire la tige de direction. Il est heureux qu'on n'y ajoute pas le fouet, car il faudrait bientôt créer une nouvelle société protectrice.

Les rues de Pondichéry ont assez bel aspect : elles sont droites, spacieuses, un peu trop tirées au cordeau : n'était la puissante végétation exotique qui se moque de l'alignement édilitaire et déborde irrespectueusement sur la voie, on pourrait se croire dans quelque bonne petite préfecture méridionale. La ligne des quais surtout, où sont rangés le palais du gouverneur, l'église, la mairie, le palais de justice, etc., forme un front de mer presque imposant; j'étais tout fier de voir que notre épave coloniale ne fait point trop mauvaise figure à côté des riches possessions anglaises.

Mais, par exemple, je ne retrouve plus ici la déférence qui m'était témoignée dans le Nord des Indes. Le protégé est méridional, par conséquent exubérant; le protecteur est latin, c'est-à-dire bon enfant. Conquérant et conquis font un pas à la rencontre l'un de l'autre : il en résulte une familiarité presque choquante au sortir des habitudes anglaises. Leque des deux systèmes est le bon ? Ni l'un, ni l'autre à mon avis : la morgue empêche la sympathie, l'abandon des manières tue le prestige. Or, comme de grands enfants qu'ils sont, ces paisibles habitants des Indes semblent avoir besoin tout à la fois de domination et de bonté. Que ne pratique-t-on à leur égard la bienveillance, cette bonté du maître qui affirme tout à la fois sa supériorité et sa générosité?

Cette réflexion s'impose presque forcément à l'esprit du voyageur, lorsqu'il passe brusquement en territoire français. Le contraste est frappant, mais il est aussi, je le répète, un peu choquant et, malgré toute la répugnance qu'un Latin comme moi peut éprouver pour les froides méthodes anglaises, je sens qu'au point de vue directorial, nous avons quelque chose à prendre chez nos voisins !

Un bateau des Messageries n'est pas seulement un excellent instrument de locomotion, il est aussi le meilleur des hôtels flottants ; notre curiosité se satisfait à terre ; dans la crainte des maîtres-queux indigènes, notre estomac se satisfait à bord. Cette navette répétée entre la mer et le rivage, me ramène sans cesse à la statue de Dupleix et le spectacle finit par une obsession pénible dans mon esprit.

La statue du héros est posée sur un énorme piédestal hindou; en avant se dresse en hémicycle une dizaine de hautes colonnes ayant appartenu sans doute à quelque temple ancien, et données par un rajah pour la construction d'un « palais de France. »

Le palais ne s'est point fait, il ne se fera pas et les énormes fûts de pierre que rien ne relie continuent à dresser vers le ciel leurs têtes lamentables et solitaires. L'artiste a-t-il voulu symboliser par là la France des Indes asiatiques. C'est peu probable ; il a fait un simple groupement pittoresque ; mais, vraiment, ces restes d'un édifice qui n'existe plus, redevenus les commencements d'un édifice qui n'existe pas ont une expressive signification, et lorsque le rapprochement s'est fait dans l'esprit, il s'attache implacablement à lui, je le répète, comme une émouvante obsession.

L'obsession va finir avec le départ du bateau, mais nous ne voulons point quitter cette terre française sans nous rendre à la pagode de Villenour.

Les Indes renferment trois types essentiels de monuments :

Les temples-cavernes, contrepied de la construction normale, puisque l'homme évidant la colline rocheuse et la sculptant, enlève des matériaux au lieu d'en apporter. Ce qu'il laisse du monolithe constitue le monument : nous avons vu ce type architectural à Ellora et à Bombay.

Les édifices de l'invasion musulmane, mosquées, forts, palais et tombeaux, puissantes superpositions de grès rouge ou délicats ouvrages de marbre ajouré, festonné, incrusté ; nous avons contemplé ces œuvres distinguées ou sévères à Agra, Delhi, etc.

Les pagodes ou palais du sud des Indes, dont les plus imposants spécimens se trouvent à Madura et à Trichinopoli. Je ne puis parcourir le sud de la péninsule ; mais Villenour est un intéressant échantillon de cette architecture très locale, je tiens à l'examiner.

Une « yarka » mal suspendue nous cahotte péniblement à travers une campagne généreuse, le long de routes bien ombragées où s'essaime une population peu vêtue. Les femmes, retenues par un certain sentiment de coquette pruderie, ont la poitrine et les reins couverts de cotonnades hautes en couleur qui font valoir leur luisante peau brune. Les hommes riches portent une sorte de peplum à la manière antique. Les autres se divisent en deux catégories : les gens en haillons ; les gens qui ont fait l'économie de ces haillons. Mais, à l'exception de l'Européen novice, le tableau ne choque personne et personne n'y prend garde.

On ne peut pénétrer dans la pagode de Villenour. Tous les temples hindous sont d'ailleurs strictement fermés aux infidèles. Il est même assez piquant de constater avec quel zèle farouche le pacifique Hindou défend l'accès de ses temples, tandis que le fanatique musulman nous livre ses mosquées en échange d'une simple formule de déférence. Mais, par contre, les gardiens du temple ne craignent pas de se souiller au contact du veau d'or européen. Quel assaut à nos porte-monnaies sur le seuil du lieu sacré !

La pagode de Villenour est limitée par une enceinte rectangulaire de plusieurs hectares, au centre de laquelle est inscrit le temple lui-même. Celui-ci est précédé par un portique à sept étages couvert de sculptures et de forme pyramidale ; un autre portique à peu près semblable a été édifié sur la gauche, formant angle droit avec le premier.

Pourquoi ces deux édifices en retour d'équerre, sans que rien les accompagne? Cela choque un peu mon œil européen coutumier d'une certaine symétrie. Quant aux pyramides, leur opulente silhouette n'est pas sans majesté. Ces blocs sculptés ont de la grandeur et de la grâce, mais l'impression d'ensemble vaut mieux que l'étude du détail. La pagode se compose de 7 étages similaires en retrait formant une gradation décroissante. Ce n'est pas un monument, mais 7 monuments superposés et de plus en plus réduits que j'ai devant les yeux : telle la pyramide humaine des cirques avec le chef de famille à la base et le petit dernier au faîte. La comparaison est quelque peu irrévérencieuse, mais vraiment,la conception enfantine de l'ouvrage semble la justifier.

Il n'est pas un pouce de pierre que l'artiste n'ait taquiné de son ciseau. C'est riche, c'est même imposant au premier abord, mais l'étude du détail n'apporte rien, puisque tout se ressemble à des échelles différentes, et l'absence de fonds unis empêche l'œil de se reposer.

La caractéristique de l'art hindou, c'est l'habillage à outrance des monuments. J'avais déjà constaté cette tendance à Ellora, mais là du moins la décoration avait d'agréables et multiples fantaisies et les parties discrètes mettaient les autres en valeur. Ici le monument tout entier devient un vaste prétexte à sculptures. Comme il arrive parfois en cette généreuse et facile contrée, une végétation parasitaire uniforme a tout envahi et l'arbre n'est plus que le support des lianes qui l'enserrent. L'art méridional hindou a-t-il pris ses inspirations dans certains spectacles de nature ? C'est possible. Dans tous les cas, si la formule d'art employée ici reste intéressante par les révélations diverses qu'elle apporte, elle déroute trop notre conception de l'esthétique pour lui donner pleine satisfaction. En somme, cet art hindou est une richesse de plus pour l'humanité et un intéressant sujet d'observation : il faut donc se féliciter de son existence, il faut bien se garder de trop l'imiter.

Au sortir de la pagode on nous fait visiter de vastes hangars, véritables magasins à accessoires d'un théâtre sacré ou sont remisés d'énormes chariots, des monstres ailés, chimères, dragons, tarasques de l'endroit. C'est l'appareil des processions. Tout ce peinturlurage de rouge et d'or sur des formes étranges n'est pas précisément joli ; mais j'imagine que lorsque cette forêt de bois sculpté se met en marche, à la lueur des torches, au milieu d'un peuple agité dont elle représente bien la sonore exubérance, l'âme hindoue doit se manifester singulièrement et le spectacle ne peut manquer d'une étrange grandeur.

Le bateau des Messageries maritimes touche à Pondichéry seulement, avant d'atteindre Colombo. La visite des Indes méridionales bouleverserait notre programme et serait la cause de sérieuses fatigues. Je me contente donc de prélever un « échantillon sur la marchandise » spécimen doublement intéressant puisqu'il est bien caractéristique et français. Et maintenant en route pour Ceylan !

L'île ressemble assez à la terre ferme dont elle a été séparée : un massif montagneux au centre et des côtes basses sur le pourtour ; mais, alors que dans la partie nord des Indes la côte nue ne rend d'ordinaire que ce que l'homme lui demande, partout ici le sol apparaît revêtu d'un riche manteau naturel. C'est la forêt qui étale indéfiniment ses frondaisons, de sorte que l'île semble émerger de la mer comme un gigantesque bouquet de verdure.

Mais un voyageur qui débarque n'a pas le loisir de se donner aux douceurs d'un spectacle de nature, il lui faut d'abord payer un fort droit de péage aux petites tracasseries humaines. Avons-nous la peste ? Avons-nous des produits prohibés ? Avons-nous un hôtel, une voiture, un guide ?.. Voilà un tas de choses que des officiels ou des officieux, des gens à galons scientifiques, policiers, administratifs ou privés tiennent absolument à savoir. La séance dure une heure et demie, après quoi le *dignus intrare* est prononcé par l'autorité compétente.

Permis éventuel toutefois au point de vue sanitaire, car, tandis que nous voyageons à l'extérieur, d'insidieux microbes voyagent peut être en notre intérieur. Nous sommes encore dans la période d'incubation possible, a déclaré le docteur, le quitus définitif nous sera donné dans trois jours seulement.

Pauvres voyageurs ! incubés peut-être par la peste, incubés sûrement par une chaleur de 30 degrés, nous nous promenons dans les belles rues de Colombo en faisant de cuisantes réflexions sur les degrés de froid contre lesquels nos amis de France se défendent peut-être en ce moment. Ah ! qu'une intelligente moyenne proportionnelle ferait bien mon affaire en même temps que la vôtre, chers lecteurs. La terre est une marmite qui tourne sans cesse, en présentant au feu du ciel la même partie dē sa surface ventrue. Et nous sommes de ce côté!

Les saisons n'existent pour ainsi dire pas ici : entre une journée moyenne d'hiver et une journée moyenne d'été, la différence est de 4 degrés. A toute époque de l'année, le plongeon dans la chaleur est donc certain. Résignons-nous.

Fort heureusement le relief de l'île constitue un gigantesque thermomètre naturel ; en s'élevant plus ou moins dans la montagne, l'habitant peut choisir sa température. A Kandy, la chaleur devient supportable ; à Neura Ellya, la chaleur solaire ne suffit plus, il faut faire du feu. La végétation suit cette progression décroissante, de telle sorte que la montagne, parée de cocotiers à sa base, se couronne, comme à Darjecling, par les pins du nord. Cette revue sur place de toute la flore mondiale est une des supériorités de la région équatoriale. Il suffit que le sol soit assez généreux pour répondre aux aptitudes du niveau. Généreuse, la terre de Ceylan l'est à l'excès ; aussi possède-t-elle sans doute mieux que toute autre ce charme exquis d'une flore abondante et variée.

C'est ce que nous nous proposons de voir. Toutefois la végétation septentrionale offre peu d'attrait à l'Européen qui passe. Pour observer la flore exotique dans ses diverses manifestations, nous nous contenterons de Kandy, situé à 500 mètres au-dessus du niveau de la mer.

Le chemin de fer franchit d'abord la zone basse où cocotiers, bananiers, aréquiers, etc., se disputent le sol. Ces arbres exotiques ne sont pas plus puissants que les nôtres, mais, alors que les grands végétaux du Nord font le vide autour d'eux, la terre, en ce pays privilégié, possède encore assez de force productrice pour laisser place à des fougères géantes et il se produit ce fait typique qu'un double voile de verdure couronne le sol à deux étages différents.

Plus loin, le train attaque le massif montagneux. La végétation forestière se mêle davantage à l'autre. La nature remplace peu à peu l'homme dans le choix des essences ; c'est la forêt libre avec ses fantaisies qui commence. De temps en temps, une clairière se présente à l'œil : ne croyez pas à une impuissance du sol ; le vide est le fait de l'homme qui a jeté bas les grands arbres et les a remplacés par de rémunératrices plantations de thé ou de café. Partout ailleurs, le dôme de verdure s'étend alternativement au-dessus et au-dessous de nos têtes. Toutes les teintes y sont représentées et mises en valeur par des jeux de lumière inaccoutumées et, il n'est pas jusqu'au ton rougeâtre du sol qui n'ajoute aux diverses nuances de la flore une exceptionnelle puissance de coloration.

Une remarque générale s'impose devant ce débordement végétal, c'est la rapidité apparente de la pousse. Arbres ou fougères sont adultes par la taille avant de l'être par l'âge. Tout semble avoir grandi plus vite qu'en d'autres pays et l'ensemble de la région apparaît comme une vaste serre dans laquelle certaines conditions de chaleur et d'humidité secondent l'action normale des saisons. Ce n'est point que nos colosses du nord, peupliers, chênes, platanes, etc., ne puissent être victorieusement opposés à ces végétaux exotiques; ce n'est pas non plus qu'en d'autres régions tropicales on ne trouve des spécimens égaux en puissance, mais ici moins qu'ailleurs le développement végétal ne semble dépendre du temps ou de l'exposition, et il en résulte que la végétation devient à l'état presque général ce qu'elle est ailleurs à l'état exceptionnel.

Quant à l'ensemble du paysage, il n'a pas ces reliefs vigoureux que l'on peut trouver dans les grandes contrées alpestres. Les montagnes de Ceylan sont d'assez petite échelle ; elles ne prétendent point au grandiose. Certaines poussées hardies des crêtes et des pics, certaines dépressions brusques ne manquent pas de majesté ; mais, dans la plupart des grands spectacles de la nature, la sévérité des lignes, la mélancolie des aspects sont en quelque sorte les auxiliaires psychologiques du grandiose ; or, comment trouver le sévère ou le mélancolique dans cette nature qui se revêt partout de grâce et de fraîcheur.

Telle arête nue, telle gorge déboisée s'accuseraient vigoureusement, mais par tout le panache de verdure vient corriger la rudesse des contours, amollir les divers plans et récréer l'œil par les grâces de la perspective. Il faut donc en prendre son parti : un paysage dans lequel la nature se fait aimable, facile, souriante, prodigue de ses dons, ne peut être que charmant : la caractéristique de Ceylan c'est le charme.

Plusieurs auteurs ont dénommé Ceylan le paradis terrestre. Cet honneur fait par des poètes à l'île enchanteresse est assurément mérité; car, au sens poétique du mot, le paradis terrestre peut-il être mieux placé que dans ce coin de terre où tout vous invite à vivre dans un perpétuel épanouissement végétal ?

Kandy est le centre de cette région

bénie et c'est pour cela que nous y avons établi notre quartier général. Mais, après m'être associé à l'hommage des poètes, le souci de la vérité m'impose un correctif. L'épanouissement végétal dont je viens de parler est le fruit direct d'une chaleur humide favorable à tout ce qui vit ici, sauf à l'Européen; Ceylan est le paradis de ses yeux, mais il est, hélas ! le purgatoire de son corps. Il fait trop chaud ! De 11 heures à 4 heures, c'est-à-dire aux plus belles heures de la journée, toute vie active doit être suspendue et, malgré les délices de l'endroit, je préfère un paradis plus accessible, par exemple les bords du lac de Côme, où le soleil éclaire les gens sans les rôtir.

Rayons donc de notre vie de voyageur la partie médiane de chaque journée ou plutôt, suivant une métaphore cruellement juste, faisons la part du feu et jouissons du reste.

Kandy est installé dans une cuvette naturelle formée par le cirque des montagnes voisines. Tous les filets d'eau qui descendent en cascatelles des hauteurs environnantes se réunissent au centre de la cuvette et y forment un joli lac où les géants du rivage profilent leur longue silhouette.

Ce joli lac serait bien plus charmant encore si des gens qui ont la manie de corriger la nature ne l'avaient point traité en pièce d'eau banale. Il était pourtant si facile de ne rien faire. Et, tout autour, de la base au faîte des montagnes, dans les replis des versants ou la perspective fuyante des contrevallées, des arbres de toute espèce gorgés de fruits, noix de coco, bananes, papayes, etc., ou couverts d'une épaisse crinière de feuillage, pompent à cette terre généreuse une vie presque excessive, tandis qu'une énorme végétation parasitaire s'intalle à son tour à la table du festin et que la fougère ramasse les miettes laissées au ras du sol.

Ah ! les délicieuses promenades que j'ai faites, aux heures matinales, dans les sentiers fleuris du rivage ou de la montagne et quelles charmantes siestes aux heures un peu chaudes déjà, lorsque couché sous la feuillée protectrice, j'apercevais à travers le premier plan d'ombre, la traînée lumineuse de vie et de soleil lécher les collines, animer le fond des vallées verdoyantes et qu'auprès de moi, la perruche verte, l'oiseau du paradis, le papillon mordoré manifestaient par de petits cris ou d'incessants sautillements leur joie de vivre en cette nature amoureuse !

Oui, c'est bien là un paradis terrestre et la nature y invite l'homme à vivre en le comblant de ses présents. La preuve en est dans cette vie intense et gaie qui anime tous les êtres et c'est moi l'Européen des brumes du nord qui pêche par des organes mal préparés à l'épanouissement des forces naturelles.

Javoue que le midi ne me plaît pas toujours au point de vue de la flore. Maintes fois, en contemplant des champs d'oliviers au gris et mélancolique feuillage, des pins maritimes à la houppe chenue, des torrents à sec avec leurs rives pelées, je me prenais à regretter notre brumeuse, mais puissante végétation septentrionale et, sans la limpide lumière qui donne de la vie même à des cailloux, j'aurais maudit cette terre méridionale incapable de se parer. Ici le feu, l'air, l'eau, la terre, tous les éléments s'harmonisent à souhait pour créer le bouquet de verdure, le rafraîchir et l'illuminer. L'œuvre de création est complète ; elle est admirable et je l'admire, en regrettant que mon tempérament physique ne participe pas mieux aux harmonies de ce concert de nature.

On ne pouvait laisser la flore si diverse de l'île pousser partout en liberté sans attribuer un lieu d'élection à ses plus beaux spécimens. Peradénya est le jardin botanique de l'île de Ceylan. Et quel jardin ! Décuplez en hauteur, centuplez et recentuplez en importance ce qui pousse péniblement dans nos plus belles serres d'Europe, juxtaposez un millier de galeries des machines pour abriter les collections et vous obtiendrez, peut-être? sous verre, la floraison de ce lieu béni. Arbres à caoutchouc de 100 pieds, palmiers, talipots, arbres à pain, ficus, areca, arbres du voyageur, sans compter les plus beaux échantillons de la flore commune, tout se trouve réuni et groupé avec un art merveilleux dans ce jardin. Les braves gens qui ont doté Kandy d'un lac à la mode n'ont sans doute point collaboré à l'entreprise : l'exécution est d'un goût exquis, et le charme d'une promenade à travers un parc artistiquement ordonné s'ajoute chaque fois à la contemplation des merveilles végétales qui sont sa raison d'être.

Malgré la distance qui sépare Peradénya de Kandy, 6 kilomètres, j'y suis retourné trois fois à pied. Il est vrai que la route est merveilleuse, elle est même une sorte de prolongement du jardin, tant la nature y a su varier son manteau de verdure.

Ces promenades me mettent également en contact avec les Cingalais; je ne suis pas fâché de connaître une aussi intéressante race. A la bonne heure ! cette population ne boude pas au sol de l'île comme l'Européen ; elle marche, rieuse et gaie, vers le soleil comme vers la vie, et la chaleur semble augmenter en elle l'intensité de l'existence.

Le Ceylanais avec son peigne d'écaille dans les cheveux et son jupon blanc, la Ceylanaise avec ses cheveux savamment aplatis et ses bijoux d'argent, le Tamoul, vêtu d'un simple pagne, sa femme, l'épaule dégagée, bien cambrée dans sa démarche, les enfants presque invariablement nus, tout ce monde trotte, travaille, devise ou s'amuse dans une atmosphère aussi légère pour elle que lourde pour moi.

Les deux races sont belles, vives, et paraissent intelligentes. Le haut de la figure est régulier, les yeux sont expressifs, mais je remarque que l'ensemble du visage est souvent gâté par une mâchoire proéminente. L'Hindou du nord n'a point cette caractéristique fâcheuse que j'ai déjà constatée depuis Pondichéry. Cela provient de ce que l'envahisseur du nord est en réalité un Aryen ; il a refoulé vers le Sud les races autochtones et la différence des types s'est ainsi très nettement accusée.

Les villages cinghalais sont en général composés de petites maisons en planches blanchies à la chaux et couvertes de tuiles. C'est plus coquet que les paillotes ou les murs en torchis des cases hindous et, surtout, le cadre de verdure qui récrée toujours l'œil ne fait point défaut ici comme sur beaucoup de points de la péninsule.

Au cours d'une de mes promenades le long de la rivière, j'ai l'occasion de voir un spectacle peu banal. Depuis un instant j'observais quelques roches émergeant de l'eau. Or, voici que tout à coup deux des rochers marchent à la rencontre l'un de l'autre. C'était tout simplement un groupe de 6 éléphants à la baignade et les énormes pachydermes, animaux travailleurs qu'on embauche à raison de 30 roupies par jour, se vautraient délicieusement dans l'eau après une journée de labeur. Pour une piécette au cornac et deux tiges de canne à sucre à l'un des éléphants, on fait exécuter à celui-ci quelques-uns des travaux habituels, transport d'arbres avec la trompe, bris des branches, etc. C'est très intéressant.

Je n'ai pas parlé des monuments de l'île pour une raison péremptoire, c'est que la matière fait défaut. Le grand et le seul architecte de Ceylan, c'est la nature : il suffit. Quelques dagobas, monuments boudhiques terminés par une calotte en briques blanchies, apparaissent çà et là. Elles sont intéressantes en ce qu'elles racontent l'histoire religieuse de a contrée, mais la formule d'art n'existe guère, et l'étranger ignare comme je le suis ne trouve à leur visite que de piètres satisfactions.

Par acquit de conscience je parcours le temple de Kandy où des prêtres empressés me montrent les trésors de pacotille amassés depuis quelques siècles. Les cérémonies doivent y présenter un réel intérêt, car ce temple est un lieu de pèlerinage célèbre: c'est là qu'est vénérée la dent de Boudha. Je n'ai point été admis à l'honneur de contempler cette molaire ou cette canine vénérable. Elle est fausse d'ailleurs : l'archevêque portugais de Goa fit piler la dent primitive dans un mortier, et la poussière en fut jetée dans les flots en présence de témoins autorisés ; un procès-verbal signé relate le fait mais une dent de plus ou de moins chez des divinités qui possèdent parfois une demi-douzaine de bras n'importe guère.

Je dois borner à ces quelques journées mon séjour dans l'île fortunée, et je le regrette. Ceylan fait penser à la cassette immergée des Mille et une Nuits, dans laquelle avaient été déposées toutes les pierreries du Calife X. Elle est la cassette de l'Asie et, bien que le coffret vous brûle un peu les doigts, on ne se lasse pas de l'ouvrir pour en admirer le contenu.

A peine de retour à Colombo par la même route merveilleuse, je me hâte vers les précieuses collections du musée, dont on ne peut évidemment trouver tous les spécimens à Peradenya. Je vois là d'admirables spécimens de fleurs équatoriales, de coléoptères, d'êtres de toute sorte aux parures et aux organes étranges. On me fait remarquer tout particulièrement des feuilles et des brindilles animées, mystère de vie végétative dont la solution m'échappe complètement.

Mais il faudrait passer un an dans un musée semblable pour détenir un peu de la science qu'il renferme. C'est désespérant pour notre humaine infirmité.

Les voyages forment la jeunesse, a-t on dit, l'âge mûr est bien un étroit prolongement de la jeunesse ; les déplacements n'auraient-ils pour effet unique que de nous imposer une humilité nécessaire en soulevant à chaque instant le voile sur des questions inconnues, qu'il faudrait en rechercher l'enseignement.

L'homme qui s'agite éternellement dans son petit coin prend une certaine compétence des choses de son milieu et, comme ce milieu devient facilement pour lui l'univers — telle la grenouille qui ne soupçonne rien en dehors de son étang — il raie de son existence les questions insoupçonnées et s'admire en sa petite science localisée.

Le voyageur, lui, s'attaque perpétuellement à l'inconnu; fort heureusement pour lui, il surprend bien quelque chose de cet inconnu et augmente ainsi son petit bagage scientifique; mais, par une étrange logique des choses, à mesure qu'il acquiert, il sent davantage ce qui lui manque et devient forcément modeste !

Après une journée passée dans l'excellent boarding-house de Mme Desjardins, une française de la Réunion dont je recommande les bons soins et la bonne cui sine à tous nos compatriotes, nous montons sur l'*Armand Behic*, superbe paquebot traîné par 7,200 chevaux vapeur et nous disons adieu aux Indes.

Dois-je essayer ici de récapituler les impressions ressenties dans cette étrange contrée ? Peut-être, mais quel jugement formuler après quarante jours de résidence en un pays grand comme la moitié de l'Europe, habité par je ne sais combien de races et devenu majeur avant tous les autres par sa civilisation ? C'est plus que difficile. Aussi dois-je laisser à peu près de côté les questions philosophiques, religieuses, gouvernementales où il me reste presque tout à apprendre.

— Au point de vue physique, les Indes ne sont pas le pays merveilleux que j'avais sottement rêvé et j'ai été déçu. La plus grande partie de la péninsule est plate; les ghâts sont plutôt des gradins de plateaux que des contreforts de montagnes, par conséquent le paysage est assez monotone.

La terre est peu généreuse d'ordinaire, de grands espaces désertiques existent même, dans la partie centrale ; par contre les côtes de la péninsule et surtout la région bien arrosée du Gange, sont fertiles, tout en restant banales. Mais je dois ajouter qu'au point de vue de la flore comme au point de vue du pittoresque, ce double caractère général met d'autant plus en valeur les très heureuses exceptions qui se nomment la partie sud, Ceylan et certaines contrées hymalayennes.

— Sous le rapport artistique, les Indes présentent au premier plan comme manifestation d'art les excavations d'Ellora gigantesque travail de milliers de taupes humaines et magnifique effort d'une imagination qui sait encore se régler. Viennent ensuite les temples à pyramides, les gopuras, monuments essentiellement hindous dans lesquels le génie s'affirme à la fois par le luxe décoratif et les tendances à la déformation. Ajoutons enfin, ce qu'il conviendrait peut-être de mettre au premier plan : le Taj, les palais, tombeaux et mosquées du nord. Mais cet art musulman bien supérieur aux autres par l'harmonie des lignes, la délicatesse et la sûreté du goût est un art d'importation ; c'est le fait et non la conception du monument qui est hindou. Quoi qu'il en soit, c'est aux Indes et non ailleurs qu'il faut chercher la formule réalisée, c'est donc aux Indes qu'il convient d'en attribuer le bénéfice.

En outre la péninsule est riche en matériaux de construction, marbre, pierre, grès rouge, riche également en main d'œuvre humaine à bas prix, puisque ses races prolifiques et sobres, offrent presque pour rien aux bâtisseurs des millions de bras souples et résistants. Comme en Egypte, les puissants de la terre ont donc pu laisser après eux des œuvres impérissables ou des ruines majestueuses ; aussi le voyageur trouve-t-il, avec des manifestatians d'art nouvelles imprévues, l'histoire même du pays inscrite sur les monuments. C'est pour l'artiste et l'archéologue une source de jouissances dont peu de pays sont aussi prodigues.

— La faune et la flore des Indes représentent à peu près toutes les espèces créées : un sol alternativement avare et généreux, qui s'étend des couches brûlantes de l'Equateur aux glaces éternelles du massif le plus élevé, doit avoir toutes les parures et donner asile à tous les êtres.

Les Indes ont sur les autres contrées

cette supériorité bien spéciale : pour la perpétuité des espèces, les Indes conservées seraient en quelque sorte l'arche de Noé d'un cataclysme mondial.

— Grâce aux infiltrations humaines et à la diversité des climats, les Indes ont été pénétrés par un certain nombre de races qui se sont elles-mêmes adaptées au sol. Les religions ont déterminé des classifications nouvelles dans ces collectivités. Enfin les castes ont achevé l'émiettement. — Je lis dans une statistique récente que les Indes comptent 294 millions d'habitants divisés en 2,000 castes, 730,000 villages et 721 langues ou idiomes. Ces chiffres effrayants disent quelle inépuisable mine d'observations ethnographiques peut être la péninsule. Ce n'est pas un peuple, c'est une myriade de groupements humains qui s'agite ici. Au voyageur qui passe,les manifestations diverses de cette vie multiple restent impénétrables, confuses tout au moins ; mais les abstractions ont une parure concrète plus ou moins perceptible dès le début. Les fonctionnements ethnographiques, sociaux, religieux, ont créé des types, des coutumes, des attitudes, des costumes, des manières d'être : tout cela c'est de la couleur locale intense au profit de cet étranger qui passe. Plus que partout ailleurs le spectacle de la rue récrée son œil ou résout un petit problème satisfaisant pour son esprit et lorsque, comme moi, le voyageur doit partir sans avoir pénétré le fond de l'âme hindoue, sa pensée reste invinciblement attachée à ce pays dont il voudrait surprendre tous les mystères. C'est une petite souffrance pour l'esprit, mais c'est aussi un grand charme pour l'imagination.

Les Indes ont donc pour l'œil l'intérêt d'un décor et pour l'esprit l'attrait d'une énigme : j'emporte le décor dans les yeux et je laisse l'énigme, mais cette énigme elle-même n'enveloppe-t-elle point le pays tout entier d'une poésie à laquelle peu de contrées pourraient prétendre.

Tout en me dérobant devant les conclusions d'ordre psychologique, je ne voudrais pourtant pas laisser croire faussement que rien en cette matière ne puisse être pénétré par un observateur de la première heure. Au point de vue politique par exemple, il est évident que les fractionnements intérieurs établis par la diversité des races, des religions et des castes produisent des neutralisations de forces lamentables. Cela suffit pour expliquer l'histoire de ce grand pays faite d'invasions successives.

L'importance permanente des querelles intérieures explique à son tour l'absence de toute action extérieure, l'oblitération de l'idée de patrie et l'assujettissement facile de l'indigène.

Ces diverses causes enfin nous démontrent comment l'Angleterre peut, avec quelques milliers de soldats, dominer 300 millions d'individus : le principe fondamental de la politique anglaise « diviser pour régner » ne présente guère, en effet, de difficulté d'application dans un pays où la division est toute faite.

On s'explique également que tel ou tel état d'esprit traduit dans les choses de la vie courante est le résultat de telle croyance religieuse erronée. Mais tout cela se rapporte à des causes secondes plus ou moins connues de tous : il n'y a donc pas lieu d'en faire la démonstration et c'est pour cela que je me contente de citer.

Ce qui échappe à l'étranger, c'est la cause première. Pourquoi cet état d'âme ou d'esprit qui produit logiquement tel résultat existe-t-il lui-même ? La réponse ne m'appartient pas. Dans ces conditions, placé entre la crainte du lieu commun ou celle de l'hypothèse sans autorité, n'est-il pas convenable que je m'abstienne sur toute la ligne ? Je reviens donc finalement et sous une autre forme à ma conclusion première : les Indes ont été pour moi l'un de ces beaux livres illustrés que l'on entr'ouvre pour les parcourir, saisir par ci par là quelque bribe de texte et examiner les images. J'ai feuilleté le livre avec un charme infini; je ne puis émettre la prétention de l'avoir étudié, moins encore de l'avoir compris.

25 février.

Depuis deux mois je n'ai pas vu tomber une goutte d'eau. Le temps reste superbe; mais un immense cercle de buée enveloppe au départ le massif montagneux de Ceylan qui se dessinait si vigoureusement à l'arrivée.

L'île ne se présente plus au regard que par sa ligne de flottaison verdoyante et, comme l'œil n'a pas la perception nette de cet écran atmosphérique, un voyageur non informé ne manquerait pas d'écrire que l'île est plate. Quant à la mer, elle est chaude et paresseuse comme les gens qu'elle porte. Les passagers de l'*Armand-Béhic* réduisent au minimum l'agitation de leur vie, et s'habillent volontiers d'un simple pyjama, heureux compromis qui remplace à la fois le linge et le vêtement. La mer, de son côté, semble économiser tous mouvements inutiles: elle se ride avec effort sous la poussée du navire et rentre dans sa lourde immobilité dès que ce trouble-repos est passé. La traversée serait délicieuse si le feu du soleil n'embrasait point l'air, ne chauffait point l'eau et ne faisait point ruisseler nos corps.

Fort heureusement, la température s'abaisse à notre entrée dans le détroit de Malacca. Tour à tour, la longue côte de Sumatra, la presqu'île, une infinité de petites îles semées dans le chenal présentent au regard leurs crêtes déchiquetées ou leurs bords plats qui rasent les flots. Sommets et rivages, tout est couvert d'une luxuriante végétation. Certaines îles basses apparaissent comme de véritables bouquets de verdure immergée ; leurs arbres dépourvus à l'œil de tout piédestal solide, semblent prendre racine dans la mer même et donnent seuls quelque relief à ces coins de terre égarés.

C'est très curieux.

Je remarque en même temps que la mer a pris une teinte verdâtre très prononcée. Après vingt mille kilomètres d'une eau toujours bleue, le spectacle est fait pour surprendre : une mer méridionale qui devient verte, une mer septentrionale qui devient chaude apparaissent comme deux phénomènes identiques, et la raison doit intervenir parfois pour affirmer le voisinage de l'Equateur.

Nous voici à Singapore, l'un des jalons les plus importants de la grande route maritime. Singapore est malais d'origine, mais ce petit coin du globe ayant l'heur ou le malheur de présenter aux véhicules de mer la remise aquatique la plus gigantesque et la mieux placée, Singapore est anglais.

Comme à Aden, Bombay, Colombo, des gamins nus, juchés sur trois planches qui flottent, viennent nous assourdir de leurs cris. C'est le salut habituel de la mendicité sur mer. Ces moutards jaunes, bruns ou noirs, plongent et cueillent au fond de l'eau la piécette qu'on leur jette. Une telle acrobatie nautique serait très intéressante si elle était dépourvue de danger ; malheureusement il arrive parfois que les requins goûtent à cette chair fraîche et happent au passage un bras ou une jambe Les voyageurs des grands paquebots feraient donc bien de donner une autre forme à leurs petites libéralités.

Le requin est d'ailleurs l'hôte habituel et redouté de toutes ces mers chaudes. Je suis à ce sujet témoin d'un fait typique. Une grande cage de fer installée dans l'eau m'avait intrigué. Je m'informe. La grande cage était motivée par la présence des requins. Mais, tandis que d'ordinaire les prisons de ce genre protègent les êtres humains contre les animaux féroces qu'elles renferment, ici se sont les êtres humains, des baigneurs, qui se mettent en cage pour échapper à l'attaque des poissons féroces !

La ville est assez éloignée du port ; on la devine plus qu'on ne la voit ; mais de jolies villas plus ou moins enfouies dans la verdure bordent coquettement les deux rives du détroit qui nous abrite. La lutte contre la chaleur y semble merveilleusement organisée. Partout le toit de grosses tuiles, solide et débordant, parasol ou parapluie d'édifices suivant le cas ; et pour soutenir cette carapace, quelques piliers séparés par de grandes baies précédées elles-mêmes de terrasses où l'air chaud se rafraîchit en circulant ; en somme, un énorme plein sur autant de vide que les lois de la construction peuvent le permettre. C'est élégant comme toute œuvre de bon sens qui s'harmonise avec son milieu.

De la ville elle-même je dirai peu de chose. La chasse aux renseignements, les combinaisons de parcours, le change de monnaies, toute cette petite cuisine empoisonnée des longs voyages a pris mon temps et mon attention et il ne me restait plus d'yeux pour apprécier Singapore.

Oh ! ces changes de monnaie surtout, quelle plaie ! Jugez-en. Au Caire, la piastre égyptienne, comptée 12 centimes et demi dans le commerce et le double au tarif légal, joli petit traquenard pour l'étranger novice, suivant qu'il donne ou qu'il reçoit la piastre, a toutes chances de devenir commerciale ou tarifée. Aux Indes, la roupie partagée en annas; mais le papier monnaie valable à Bombay ne l'est point à Calcutta, pas plus que celui de Calcutta n'est valable à Madras. A Ceylan, piastre divisée en cents. A Singapore dollar, à Java, florin, plus tard à Saïgon, monnaie française et dollar mexicain; au Siam, ticaux, etc. etc.

Vous avez dû payer pour avoir une lettre de crédit, payer pour obtenir un prélèvement en livres sterling, payer pour convertir celles-ci en monnaie du pays, payer pour vous débarrasser de l'excédent au moment du départ, payer pour les fluctuations du change qui, par je ne sais quelle malchance, vous sont invariablement défavorables.

Chaque opération laisse quelque chose au changeur, cette sangsue qui suce en tout pays l'or du voyageur; vos pièces fondent si prestement à ce petit va et vient commercial qu'il n'en resterait plus rien si le manège se continuait quelque temps. Pauvres pigeons voyageurs que nous sommes, quand donc possèderons nous la monnaie, la mesure et la langue universelles qui nous permettront de garder un peu mieux nos plumes !

De Singapore la grande route maritime remonte vers la Chine; mais plus bas vers le Sud n'est-il pas une certaine langue de terre où le Créateur a mis toutes ses complaisances comme à Ceylan? Java! Cette île chantée par tous les amants de la nature vaut bien qu'on se dérange un peu pour elle. Et puis, Java c'est la ligne de l'Equateur franchie, or nous sommes à un degré seulement du milieu de la terre. Java, c'est le pied mis en Océanie, donc un continent ajouté au voyage.

Java, c'est l'autre calotte céleste visible, une terre de volcans, une colonie hollandaise, une race et une flore nouvelles entrevues... Toutes ces raisons, les unes sérieuses, les autres un peu enfantines grandissent étonnamment pour mon imagination le bout de route supplémentaire. Il me semble voir les portes d'un monde nouveau s'ouvrir devant moi, et je me décide avec enthousiasme pour cette rallonge peu banale.

La route se poursuit avec les mêmes charmes de vision : à gauche un éparpillement de petites îles semées comme par une main distraite à la surface de l'océan, à droite la longue et verte Sumatra, présentent à l'œil leurs perpétuels bouquets de verdure. C'est charmant, mais le voisinage de ces terres capricieuses qui se rejoignent par des fonds à peine immergés rend la navigation fort difficile : le commandant de la Seyne doit être son propre pilote, il ne quitte pas la passerelle.

A quel moment précis avons-nous fait la culbute vers l'autre hémisphère ? Ni mon prosaïque estomac qui digérait l'excellent dîner des Messageries Maritimes, ni mon cerveau curieux de choses étranges, n'ont ressenti le moindre choc révélateur à la rencontre de la ligne, et le personnel s'est bien gardé de nous éduquer sur ce point.

Le passage de l'Equateur était autrefois signalé par un baptême imposé de force aux néophytes.

La tyrannie des imbéciles s'est sans doute signalée là comme ailleurs par de lourdes ou choquantes plaisanteries, et la cérémonie du baptême est formellement interdite. Au fond, bien au fond, je n'en suis pas fâché.

Avec ou sans baptême, cette entrée dans l'hémisphère austral n'en déroute pas moins singulièrement mes habitudes d'homme du Nord : j'ai vécu jusqu'à présent sur mer des journées de 23 heures et demie ; car notre marche vers le soleil représentait chaque jour un escamotage de 25 bonnes minutes. Aujourd'hui je fais un double bond, l'un de 25 minutes et l'autre de six mois puisque l'été prend exactement ici la place de l'hiver ! Le vent chaud souffle du nord et le vent frais du sud ! Ici, l'équinoxe est perpétuel, où je voyais l'étoile du nord j'aperçois la croix du sud ! Tout change autour de moi et ma cervelle, physiquement à l'envers, comme mon corps, le serait peut-être aussi intellectuellement si messieurs les savants ne prenaient soin de nous apprendre sur les bancs de l'école que le vraisemblable n'est pas toujours le vrai.

Java est une colonie néerlandaise. Cela se reconnaît aux costumes militaires, au drapeau, aux emblèmes divers ; cela se reconnaît aussi à la propreté. Nulle part encore dans ces régions je n'avais vu une toilette de port aussi soignée. C'est que les Hollandais sont passés maîtres en matière de propreté comme en hydrographie. Et celle-ci aide à produire celle-là. Partout où le Hollandais rencontre un filet d'eau, il le capte avec art pour ses besoins industriels, agricoles ou domestiques. Il a procédé de la sorte à Java. L'eau canalisée court partout. De Tondjonk Priok, port banal où nous débarquons, jusqu'à Batavia, le chemin longe le canal et dans maints endroits la route apparaît bordée d'un petit cours d'eau artificiel.

Batavia n'est point un port de mer comme je le supposais. Le touriste n'a d'ailleurs point à le regretter ; car ses routes d'accès plantées de waringins et de tamariniers sont charmantes.

Pendant le trajet je lie conversation avec un jeune couple qui vient d'effectuer une odyssée peu banale dans des conditions moins banales encore : l'équivalent du tour du monde à pied comme voyage de noces ! Partis le jour même de leur mariage, les jeunes globe-trotters s'étaient engagés à faire à pied autant de kilomètres que le tour du globe représente de distance terrestre. Ils sortent victorieux de l'entreprise ; car Java, lieu de naissance de la jeune femme, est la dernière étape du voyage.

Quant au mari, il a l'heureuse chance d'être américain : un club de Californie a voté à son profit 375,000 francs, 15,000 livres sterling, payables au terme de l'entreprise. La véracité du récit est prouvée par des attestations sans nombre ; d'ailleurs on attend, pour leur faire fête, ces jeunes gens très sympathiques et très distingués. L'art de gagner de l'argent en voyage existerait-il donc ?

Batavia semble être de création à peu près hollandaise. Aux Indes, l'Européen s'est en général créé une ville propre, sans jeu de mots, à côté de la grouillante cité indigène existante. Ici ce sont les groupements insulaires qui gravitent autour du noyau étranger, pour lui fournir surtout la domesticité dont il a besoin.

Et, puisque le rapprochement avec la péninsule que je quitte se fait instinctivement dans mon esprit je demande la permission de le continuer. Les maisons de Batavia sont encadrées de verdure comme le sont les cottages anglais des Indes ; car, spontanément ou sur l'invite des possesseurs, la nature pare de gazon, d'arbres et de fleurs tout ce qui avoisine les résidences anglaises. Et pourtant Batavia est gai, tandis que la ville européenne des Indes est presque toujours triste. A quoi cela tient-il ? A ceci, je crois. L'Anglais semble se renfrogner dans son « home » : il l'installe bien loin de la route et se défend contre celle-ci par une barricade de pierre ou de verdure.

La maison hollandaise est, elle aussi, placée dans un jardin : mais quelle différence ! point trop rapprochée de la voie, elle reste à l'abri de ses incommodités, point trop éloignée de celle-ci, elle participe au mouvement de la cité ; ses terrasses et ses portiques largement ouverts la maintiennent d'ailleurs en communication voulue avec la vie extérieure ; enfin et surtout la clôture sur rue n'est plus une morose barrière, mais la simple délimitation fleurie d'une propriété. Dehors et dedans sont ainsi le prolongement l'un de l'autre. A l'encontre de l'Anglais, le Hollandais semble tout heureux de voir la rue de même qu'il paraît avoir la coquetterie d'être vu par elle, et grâce à cela, le passant se promène indéfiniment entre deux séries de jardins animés au lieu de défiler entre des rangées de murailles rébarbatives.

Telle est, en effet, la caractéristique de Batavia : la ville européenne n'est en quelque sorte qu'un parc immense dans lequel chacun se serait constitué son petit coin fleuri, et cette verdure exotique avec ses nids humains éclairés par un soleil prodigue qui fait sourire toutes choses, vous souhaite la bienvenue tout au long des chemins de la grande ville.

La capitale de Java possède un autre trait distinctif. La présence des canaux, cette importation hollandaise par excellence m'avait frappé à mon arrivée : les canaux se retrouvent et se multiplient dans Batavia. Le conquérant s'est fait ici un Amsterdam méridional au point de vue aquatique : le batelier du nord y est surtout remplacé par l'insulaire, homme ou femme, qui lave son linge ou son corps à toute heure du jour dans ces rivières artificielles. Chose curieuse ! les eaux chargées de limon brunâtre ont partout la même couleur que la peau des indigènes, si bien qu'on est tenté de se demander au premier abord duquel des deux éléments vient la coloration de l'autre. Et, détail imprévu, il n'est pas jusqu'aux lois de la décence qui ne trouvent à cela quelque profit, car la nudité n'existe plus du moment que l'œil ne peut faire le départ entre les eaux et les peaux qu'il aperçoit.

Voici que je parle de Java comme un citoyen de la libre Hollande ; j'ai même arpenté presque toutes les rues de sa capitale, et je ne songe pas que je n'ai même point le droit d'y poser le pied.

Tout étranger est tenu de se présenter aux bureaux de la police pour y établir son identité, justifier de ses intentions et déposer un droit de péage d'un florin et demi, après quoi seulement l'île, qui s'est ouverte de fait, s'ouvre de droit pour lui.
Je me hâte... après deux jours de fraude, de me mettre en règle. Le résident général me reçoit avec affabilité et, muni du « Sésame, ouvre-toi », je m'avance légalement vers la rue, car je sais que désormais, je marche, j'écris, je mange, je dors légalement, tandis que tout à l'heure...

Les démarches de cette nature sont toujours agaçantes, et le voyageur est enclin à juger mal les gouvernements peu libéraux qui les exigent.

Cette impression à laquelle je n'ai pas échappé est tombée après quelques réflexions : par ce temps d'expansion coloniale à outrance, un Eden de verdure comme Java est bien tentant pour une nation forte qui a quelque appétit colonial, et toutes les nations fortes, vieilles ou jeunes, gavées ou non, possèdent ce genre d'appétit. Or il est si commode et si fructueux d'éviter les frais de premier établissement en prenant au faible une colonie toute faite ! Il est si tentant pour le fort de créer une querelle qui se terminera par un inégal duel au canon ! La petite Hollande sait par des exemples récents que les convoitises humaines restent les mêmes à travers les siècles ; elle fait parler le moins possible de son île, elle éloigne d'elle les incidents, elle prend ses précautions quant aux hommes et quant aux choses ; elle a raison.

Je dois dire au surplus que si une règle d'ordre général comme celle-là pouvait comporter une exception, les Français seraient peut-être appelés à en bénéficier tout d'abord. Le Français est partout bien accueilli ; on s'empresse pour lui faire la vie facile, on s'abandonne avec lui comme avec un ami naturel. Assurément nos compatriotes ne sont pas ici chez eux, mais, en dépit des règlements de police, Java est un des pays où ils se sentent le moins étrangers.

Je remarque en outre que la France n'est pas dépourvue d'influence pratique à Java. Un certain nombre de maisons importantes sont françaises, beaucoup d'autres affichent leurs produits dans notre langue, et l'étude du français est obligatoire à partir de l'enseignement secondaire. Cela me fait plaisir et, malgré tous les kilomètres ajoutés à la route depuis les Indes, je me sens moins éloigné de France ici que là-bas.

Quel que soit l'attrait de ses rues animées et de ses promenades, Batavia n'est habituellement qu'un lieu de passage ; la ville est assez peu salubre, paraît-il ; elle est aussi fort chaude, puis-je ajouter par moi-même. Et la chaleur saturée d'humidité de cette région est particulièrement fatigante. La moindre occupation physique met le corps en transpiration, la nuit se passe, fenêtres ouvertes et, étendu sur l'unique drap de son lit, vêtu d'un léger pyjama qui remplace drap et couvertures, le patient défend comme il peut son repos contre la chaleur et les moustiques.

Je vais chercher un peu de fraîcheur à Buitenzorg, charmante localité placée au pied des montagnes. Après une dernière excursion autour de la ville pour y surprendre au vol des détails de la vie indigène et une intéressante visite au musée, je m'embarque pour l'intérieur de l'île.

Buitenzorg est à Batavia ce que Kandy est à Colombo. Il en est un peu de même pour la voie ferrée,qui est le trait d'union des deux villes. Je ne pourrais décrire la route sans tomber dans des redites fastidieuses. Le décor est peut-être un peu moins bien composé pour le plaisir de l'œil qu'à Ceylan ; mais il semble plus naturel. Buitenzorg n'est d'ailleurs qu'à 250 mètres au-dessus du niveau de la mer; les reliefs du sol ne peuvent prêter autant à l'arrangement du paysage. Quant à la végétation, elle me semble égale en puissance et supérieure en variété d'espèce. Cette terre de Java peut donner avec usure tout ce qu'on lui demande : les tranches de terrain que j'aperçois montrent partout la terre végétale à plusieurs mètres de profondeur. Les plantations de thé et les rizières semblent plus étendues que sur la route de Kandy ; leur importance est un peu obtenue aux dépens du pittoresque ; mais quel élément de richesse pour l'île ! Les rizières surtout,disposées en gradins et couvertes d'une eau qui cascade lentement d'étage en étage, sont des merveilles d'installation et d'entretien.

Dans ce trajet de 50 kilomètres, je n'ai pas vu un mètre de terrain qui n'ait sa végétation rampante ou aérienne. La nature se fait humble, lorsque l'indigène, qui ramène tout à la mesure de ses besoins, force le sol à produire le riz et le maïs de sa subsistance; mais partout ailleurs les grands végétaux mordent dans ce sol généreux, étalent dans les airs leurs puissantes frondaisons. C'est donc l'homme qui rapetisse l'œuvre créée et, si le manteau de verdure a parfois moins de majesté qu'à Ceylan, c'est que le travail d'une population plus dense est intervenu sur de plus grands espaces.

Voici Buitenzorg. Campée tout au bout du plan incliné qui relie le massif montagneux à la mer, la coquette ville n'est encore la montagne, mais elle se ressent de son voisinage; celle-ci lui apporte l'eau, la fraîcheur et un magnifique fond de décor.

A droite et à gauche notamment deux pics superbes, le Salak et le Gédé, gardes du corps géants, semblent imposer à Buitenzorg leur menaçante protection. Java est le pays du monde par où la chaudière souterraine s'est ouverte le plus de soupapes. Le Salak et le Gédé sont deux volcans qui sommeillent, et, lorsqu'on songe aux réveils imprévus de Krakatoa, du Mont-Pelé, etc., cette protection-là ne dit plus rien qui vaille. Une insouciante et vigoureuse végétation escalade de tous côtés ces monstres aux flancs généreux; seule leur tête chauve, déchiquetée, accuse vigoureusement sa silhouette et témoigne des ravages antérieurs.

La population aisée ne reste volontiers à Batavia que le temps nécessaire à la vie commerciale et administrative. Rendue à la liberté elle aime s'éparpiller aux divers étages de la montagne; Buitenzorg, est la première et la plus célèbre étape de cette émigration mondaine. Les coquettes villas nichées dans la verdure affluent autour des promenades publiques; le gouverneur général lui-même garde tout installé son palais officiel de Batavia pour y marquer sa place, en quelque sorte, mais, en fait, il réside dans celui de Buitenzorg.

Je comprends d'ailleurs ses préférences : il s'est taillé un morceau de roi dans le célèbre jardin botanique. Ce jardin est, comme celui de Peradenya, le musée à ciel ouvert de l'île. Traité moins en parc que son frère de Ceylan, il offre peut-être de moins jolies perspectives; mais les essences tropicales sont beaucoup plus variées, ce qui n'empêche pas le groupement d'être fort artistique. Je passé de longues heures à contempler les merveilles végétales rassemblées dans ce lieu enchanteur, palmiers empereur, palmiers à pas de vis, palmiers produisant l'huile, salaks, figuiers, cocotiers, bois de santal et d'ébène, girofliers, cannetiers et beaucoup d'autres seigneurs du lieu dont la classification trop précise et trop scientifique m'embarrasse plus qu'elle ne m'instruit.

Oh ! cet art des nuances distribué sur des milliers d'étiquettes savantes, comme il met en valeur messieurs les princes de la botanique ! Mais franchement le dédain absolu de la terminologie courante n'est-il point déplorable ? Le profane — et 99 pour 100 des visiteurs ne peuvent être que des profanes — passe auprès d'espèces qu'il connaît vaguement; une simple étiquette vulgaire fixerait ses souvenirs ou complèterait ses données générales ; mais voilà : cette plante est la sous-variété d'une variété d'espèce, l'idée de particularisation l'emporte aussitôt sur celle de généralisation, et le nom de famille vulgaire disparaît au profit d'un prénom scientifique compliqué que les initiés comprennent seuls. J'en appelle à tous ceux qui visitent les expositions horticoles, agricoles, sylvicoles, etc.

Le luxe extraordinaire de noms compliqués donnés à des choses connues les rend inintelligibles ; la fleur, le fruit, l'arbuste y reçoivent un cinquième ou sixième baptême qui les reconsacre scientifiquement ; messieurs les spécialistes sont satisfaits,et les gens qui ressemblent à tout le monde n'y comprennent plus rien du tout. Serait-ce donc trop demander qu'à la suite du nom scientifique, accessible au cénacle des initiés, on ajoute: vulgo « telle chose », ainsi que daignent le faire de trop rares savants. L'intérêt et le profit des visites se décupleraient ainsi à bien peu de frais.

J'enrage pour ma part de passer à chaque instant près de végétaux dont j'ai certainement entendu parler, que je voudrais connaître *de visu*, mais dont les énervantes étiquettes sont pour moi autant d'énigmes insolubles. Enfin !

En fait de choses frappantes pour tous les yeux, j'admire une énorme liane qui, après avoir marié son feuillage à celui d'un premier colosse, détache une de ses branches vers le faite des arbres voisins et vient mourir dans le panache de l'un d'eux, après une course aérienne de 150 mètres.

Dans la célèbre allée des canaries, géants dispensateurs d'ombre, une épaisse tapisserie de lierre et de touffes d'orchis dées habille les troncs et les maîtresse-branches jusqu'à 15 ou 20 mètres de hauteur, de telle sorte, que chaque arbre devient un gigantesque bouquet de verdure dans la véritable acception du mot.

Sur l'étang, qui fait face au palais du gouverneur, des nénuphars, des victoria regia plaquent sur l'eau leur plateau de verdure fleurie qui atteint parfois un mètre de diamètre.

En cette terre bénie, du reste, les végétaux des tropiques ont des proportions extraordinaires ; mais, chose curieuse, c'est surtout, comme je l'avais remarqué à Kendy, la végétation parasitaire ou de second ordre qui prend un développement inouï. Dans ces régions où tout pousse vite,le détail se hausse facilement à la hauteur du principal et lui dispute l'espace.

Buitenzorg est un jardin d'essai universel, on a donc adjoint à la flore tropicale celle des pays tempérés; mais ici, juste retour d'une nature qui entend distribuer ses dons à sa convenance, les pauvres plantes du nord font assez triste mine; petites, chétives, incapables souvent de se reproduire, elles accusent lamentablement leur situation d'exilées.

D'autres espèces particulières sont conservées dans des serres, mais, bien entendu, la serre de Java est exactement le contrepied de la nôtre. Nous, gens du nord, nous créons une atmosphère chaude pour y entretenir la flore des tropiques.

La serre chaude ne peut avoir de raison d'être à l'endroit le plus chaud de la terre ; c'est donc un abaissemeut de température, la serre froide, que l'on a créée ici pour varier l'exhibition. Toute cette partie du jardin, fort intéressante pour les gens du pays, l'est évidemment moins à nos yeux, puisque nous y trouvons, diminués ou dans un cadre de convention, les produits naturels de nos régions.

Quoi qu'il en soit, même pour un profane, le jardin de Buitenzorg mérite des visites répétées. Comme il est à la porte de l'hôtel, je ne manque pas d'y faire ma promenade quotidienne : dans le fatras des inscriptions scientifiques, je receuille à la longue quelques miettes de savoir, et surtout je trouve à l'arrangement des bouquets de verdure tout le charme des paysages exotiques accompagné d'une fraîcheur doublement précieuse en ces pays du soleil.

Je n'ai pas encore parlé de l'indigène et de sa vie ; c'est pourtant là le premier et le plus curieux spectacle qui s'offre aux yeux du voyageur. Depuis le porte-faix empressé autour de vos bagages jusqu'à l'insouciant flâneur de la rue, tout est à observer ; mais, pour charmante qu'elle soit, la vision reste trouble au début ; il faut quelques jours pour classer plus ou moins les gens et les choses.

Plusieurs races se partagent l'île de Java : le malais pêcheur et navigateur s'est répandu le long des côtes ; dans l'intérieur on trouve surtout à l'ouest le Soundanais (habitant des îles de la Sonde) et à l'est, l'autochtone qui a donné son nom à l'île, le Javanais. Il faut ajouter à cela l'éternelle tache d'huile de l'Extrême-Orient, le Chinois trafiquant et usurier qui pompe en détail la richesse de tous ces pays et, bien entendu, le Hollandais vainqueur, qui plane administrativement sur tous ces éléments plus ou moins jaunes.

Ce n'est point la tour de Babel ethnique que l'on rencontre à certains croisements des grandes routes maritimes, mais ce n'est pas non plus l'homogénéité, et l'observation ne chôme pas.

A Buitenzorg, le fond de la population indigène est sondanais. Comme à Batavia, les natifs se repartissent surtout dans une série de hameaux groupés autour de la ville européenne. Les cases composées d'une carcasse en bambou couverte de tuiles ou de chaume sont presque toujours nichées dans la verdure ; car la verdure est une richesse naturelle qui appartient à tous. J'ai arpenté souvent avec plaisir les petits chemins verdoyants de ces hameaux, et je me suis même amusé à voir bâtir des maisons. Ce n'était ni long, ni compliqué : une muraille tout entière ne représentait pas la charge d'un homme ; pour un peu, le porteur l'aurait mise sous son bras comme un rouleau de papier ; la muraille n'était, en effet, qu'une grande natte de palmier. Une fois la carcasse de bambous posée, les parois et la toiture s'édifiaient en un clin d'œil.

Mais les desas (hameaux) n'offrent guère à l'œil que le pittoresque de l'habitation. Pendant la journée, la cage est vide, l'oiseau se trouve aux champs qu'il cultive ou dans la ville où il s'emploie. Sans sortir de Buitenzorg, j'ai donc pu observer à loisir cette population douce, souriante, qui s'agite sans bruit et trotte même partout.

C'est surtout l'approvisionnement du marché qui motive le va et vient de la population indigène.

Les hommes coiffés d'un madras, vêtus d'un simple pagne ou portant la petite veste blanche avec la culotte ou le sorang de couleur, s'avancent d'un pas alerte avec deux paniers qui se balancent au bout d'une tige de bambou : la charge, très appétissante à l'œil, est ordinairement composée des fruits du pays : mongues, ananas, noix de coco, papayes, cedrats ; d'autres fois, l'un des paniers contient un réchaud sur lequel cuisent des aliments, dans l'autre est la réserve cuite ou à cuire ; d'autres fois encore les paniers sont remplacés par une armature de bambou sur laquelle la paille ou la verdure des champs est fixée en forme de carotte.

Quelques chariots couverts à l'arrière d'une élégante toiture de bambou se mêlent au cortège pédestre, mais le buffle travaille surtout aux champs, et le petit cheval rapide de Java est destiné aux minuscules charriots à voyageurs. Presque tout le charroi spécial se fait à dos d'homme, et cette procession de gens aux pieds nus qui s'est déroulée le matin sous nos yeux se reformera le soir dans la direction opposée. C'est le marché de la ville qui s'en va comme il est venu. Quant au lieu de vente, il est multiple : tous les carrefours et les passages fréquentés sont les morceaux de ce marché ; les petits vendeurs se groupent à leur convenance le long de la route et, sans table ni comptoirs, la vie commerciale s'organise.

Les femmes n'ont pas un rôle extérieur aussi actif que les hommes ; elles vendent parfois, elles achètent surtout. Les cheveux noirs relevés à la Chinoise, un sorang bigarré en guise de jupe, la camisole de cotonnade plaquée sur le haut du corps, elles s'avancent en minaudant, le marmot à califourchon sur la hanche droite, ou l'ombrelle chinoise à la main. De la main restée libre, elles palpent avec obstination toutes les marchandises, n'en achètent que peu ou point, et s'en retournent par bandes rieuses et distraites. Pourquoi embarrasser sa vie de préoccupations devant une nature qui fournit sans effort le pain de chaque jour !

A vrai dire, les habitants de Java sont surtout de grands enfants, dociles à la main qui les guide et presque incapables de prévoyance. La plupart d'entre eux consomment avant d'avoir produit; c'est la recette de demain qui paiera la dépense d'aujourd'hui. Dans ces conditions, la moindre accroc rompt l'équilibre de l'existence, et ce peuple d'enfants devient la proie des Chinois usuriers.

Ceux-ci, travailleurs, économes, âpres au gain, se sont installés dans tous les commerces de détail comme dans autant de petites places fortes. En dehors de certains articles de bouche, je ne vois ni un produit sérieux, ni une boutique qui ne soient aux mains des Chinois. Les Célestes deviennent ainsi des intermédiaires obligés, et le prêt à usure achève de mettre les indigènes à leur merci. Il paraît qu'un florin prêté vaut parfois deux florins le mois suivant. J'ai peine à le croire ; il est certain toutefois que presque toutes les terres appartiendraient déjà aux Chinois, si la transmission en était possible, et l'invasion chinoise est limitée à certaines villes par mesure de salut public.

Annihilé et dépossédé en grand par les Hollandais, miné en détail par les Chinois, l'ancien propriétaire de l'île n'a plus guère d'autre bien au soleil que son propre corps ; mais on ignore la faim dans ce planturеux pays et, comme l'oiseau perché sur une branche fleurie, ce grand enfant continue à chanter la joie de vivre, car le souci de demain n'existe plus dans sa cervelle.

Mais quel charmant petit peuple, précisément, peut-être, à cause de sa légèreté de caractère. D'aimables voyageurs français, en compagnie desquels je me trouve à l'hôtel, avaient voulu assister à une séance de marionnettes, donnée à l'occasion d'un mariage. A peine étaient-ils arrivés, que le maître de la maison s'empressa autour d'eux, insista pour leur faire partager le repas de noces et leur fit donner les places d'honneur pour la représentation.

Leur récit m'avait mis en goût de saveur locale. Or, aujourd'hui, des danses sont organisées à propos d'un autre mariage. Nous nous rendons en bande au lieu de l'hyménée. A peine le chef de la famille apprend-il notre présence, qu'il accourt, nous souhaite la bienvenue, nous fait placer au premier rang de l'assistance et nous offre des rafraîchissements. Le marié et la mariée, vêtus de leurs plus jolis sorangs, nous sont présentés avec force cérémonies aimables, prennent place quelque temps à nos côtés pour nous faire honneur, et la séance qui devait être donnée une heure plus tard, commence aussitôt. Chez quel peuple policé trouverait-on hospitalité plus délicate et plus empressée ?

La danse javanaise ne ressemble en rien aux exhibitions exotiques qui nous sont présentées d'ordinaire, et elle est absolument la contre-partie de la nôtre. L'Européen danse avec les pieds, le Javanais danse avec les mains. De temps en temps un balancement du corps ou une pirouette lente permet de changer les attitudes ; à cela se borne la cadence générale. Au contraire, les bras et surtout les mains sont en agitation rythmique perpétuelle. La danseuse notamment exécute de véritables tours de force de désarticulation ; mais jamais un seul de ces mouvements, presque inexécutables pour une Européenne, n'est disgracieux. L'éxtraordinaire prestesse de la main est, paraît-il, d'ailleurs, la caractéristique du Javanais.

La danseuse, parée de ses plus belles soieries, s'avance d'abord rampant et porte les mains jointes au front en guise de salut, tandis qu'un orchestre composé d'une sorte de violon à deux cordes, de bambous gradués, xylophones, tambourins, commence ses monotones et mélodieux accords. Deux ou trois coryphées masculins prennent des attitudes, esquissent des pas et des mouvements chorégraphiques d'ensemble autour de la danseuse,dont le rôle scénique reste toujours le plus important.De temps en temps celle-ci, de sa voix pointue, lance une sorte d'invocationreproduiteparl'orchestreetle groupe recommence ses évolutions lentes et gracieuses sans que jamais un regard, un geste lascif ou même un attouchement, quel qu'il soit, établisse un lien quelconque entre les actions : chaque danse est en quelque sorte une pantomime rythmée dans laquelle chacun joue son rôle personnel.

A chaque reprise de ces petites scènes dansées, l'un des figurants disparaît pour faire place à l'un des assistants, membre de la famille ou personnage important, sur les genoux duquel une écharpe de soie est placée. Ceci représente une double invite : l'invitation à payer de sa personne et de sa bourse et, en effet, toujours en rampant et les mains jointes au front, la petite danseuse ne manque pas de venir placer devant l'élu un verre dans lequel l'offrande doit être déposée.

Or, voici que par une sorte de malice aimable, l'écharpe est portée sur notre groupe et, par une autre malice du hasard, déposée sur mes genoux. Tous les assistants se mettent à rire, à l'exemple de mes compagnons, qui avaient leurs méchantes raisons pour cela : dans mon empressement vers la maison nuptiale, je m'étais jeté sur un tas de cailloux et ma pauvre culotte s'était ouverte au genou sur une longueur de 8 à 10 centimètres. Tant que mon rôle restait passif, je pouvais faire assez bonne contenance en dissimulant l'accident derrière la jupe d'une de ces dames. Mais comment faire cette fois ? Expliquer l'accident, c'était le montrer. Refuser l'offre, c'était offenser la famille. L'accepter, c'était me rendre grotesque. Et mes compagnons et compagnes, trop heureux de l'aventure pour me tirer d'affaire, riaient de plus belle, tandis que je cherchais inutilement une ingénieuse porte de sortie ; finalement le père intervint gracieusement. Chacun de nous fit tomber une piécette dans le verre de la danseuse et un Soundanais de marque exécuta quelques pirouettes à ma place.

Mais l'incident m'avait mis en évidence; tous les yeux étaient fixés sur moi, précisément à l'heure où je désirais le moins être vu, et ces braves gens durent se demander pour quel motif inconnu cet Européen, debout, assis ou marchant, retenait obstinément de la main le bas de son pantalon.

Au bout d'une heure, notre curiosité étant satisfaite, nous prenons congé de ces aimables gens; mais le plaisir de nos hôtes n'est pas épuisé, les danses dureront toute la nuit, de même que la grande séance de marionnettes donnée dans le local voisin. A travers le feuillage écarté qui tapisse et complète les armatures de bambou, les indigènes aspirent par les yeux et les oreilles tous les détails de cette fête pourtant peu nouvelle pour eux. Leur avidité du spectacle ne se lassera point avant de longues heures. Quant à nous, le long des cases silencieuses et des sentiers fleuris, sous la douce clarté de flambeaux célestes auxquels notre œil n'est point fait, nous regagnons, charmés, notre prosaïque hôtel, tandis que la cadence des bambous sonores et des tambourins mêlée aux petits cris effarouchés des oiseaux nous apporte dans l'air tiède et apaisé d'une belle nuit australe ses dernières vagues monocordes. C'est charmant.

Me voici à mon sixième jour de résidence dans Buitenzorg. Les fanatiques de déplacement ne manquent pas de faire leur pèlerinage artistique à Bœrobodoer, temple prestigieux, surchargé de sculptures et traité à la façon méridionale hindoue, de rendre visite au sultan de Solo, tout heureux de montrer à des Européens les merveilles d'une cour asiatique, de gravir l'un des volcans de Java, monstrueuses cheminées aux parois internes calcinées par le feu, tandis que les flancs extérieurs sont envahis jusqu'au faîte par les richesses d'une flore absolument vierge. Ils ont raison. J'ai donc tort.

Mais pour ne point troubler l'économie générale du voyage, je ne dois passer que huit jours à Java. L'accomplissement d'un tel programme m'eût cahoté sans répit tout au long des routes ferrées ou non de l'île, et je me trouve si bien de mon programme, demi-négatif, lorsque allongé sur une chaise longue de l'hotel, en face du parc ou flânant dans les sentiers de la campagne et du jardin botanique, je me laisse vivre tout doucettement au milieu de la verdure, des fleurs et du caquetage des oiseaux ! Honte sur moi tant que vous voudrez messieurs du mouvement perpétuel ; mais le Créateur dont j'admire l'œuvre en un propice, confortable et poétique recueillement, ne m'en voudra pas, lui, de ne pas chercher, à la sueur de tout mon être, la contemplation lointaine des autres merveilles.

J'ai remplacé ce vaste programme, très tentant en cas de séjour prolongé par une simple ascension à Soukaboémir. Cette excursion, qui doublait ma pénétration dans l'île, m'offrait en outre l'occasion de traverser tout le massif montagneux. Les routes maritimes sont jalonnées par des phares, points de repère de toute navigation : la partie haute de Java est aussi jalonnée par des appareils lumineux d'une certaine envergure, les volcans. Tous les points culminants de l'île sont occupés par des volcans, et tous sont en activité. Dans cette île, il y a donc une ligne de feu continue dont l'équivalent n'existe peut-être pas sur le reste du globe. Quelques-uns de ces monstres sommeillent, aucun n'est mort. Le Krakatoa, volcan voisin, placé en prolongement de la ligne de faîte, était en léthargie, on sait quel a été son réveil ! Mais, contraste étrange, comme je le disais à propos de l'Etna, c'est à ces engins de mort que Java doit sa fécondité, peut-être même son existence.

J'en aperçois quelques-uns dans le lointain de la route, mais surtout en gravissant le renflement formé par la rencontre du Salak et du Gésé, j'ai le plaisir de contourner de près les deux colosses et d'admirer leur robuste végétation. L'île devient plus belle, d'ailleurs, à mesure qu'on pénètre son massif : la végétation plus variée, puisque suivant l'exposition, la nature prend ou conserve alternativement le bénéfice des diverses latitudes, les dépressions ou les jaillissements subits du sol ravinés par une eau cascadeuse et fortement auréolés de soleil renouvellent bien plus souvent que dans les parties basses les aspects du paysage.

Je regrette de ne point pénétrer davantage dans l'enchanteresse intimité de Java, mais je me console un peu en pensant que les spécimens visibles pour moi comptent parmi les plus beaux de l'île.

Une seule note fâcheuse diminue un peu le charme de ces magnifiques paysages. L'eau, cette eau qui dans nos vallées alpestres chante et fait miroiter si gaiement au soleil le cristal de ses gouttelettes rapides, est invariablement boueuse et jaunâtre. Quel dommage de ne point voir en un paysage toujours frais l'accompagnement nécessaire d'une eau limpide!

Mais l'homme gourmand des beautés de nature ne doit-il pas accepter la logique des choses? La verdure est puissante, parce que la terre est grasse ; elle est fraîche, parce que l'eau du ciel l'arrose fréquemment; mais cette eau qui féconde la terre, la fouille, la dilue et charrie des milliers de ses parcelles jaunâtres. Puisque le dilemne se pose de la sorte, mieux vaut encore la solution qu'il reçoit ici.

Il pleut beaucoup à Java ; il pleut plus encore dans la région de Buitenzorg. Les six jours que je viens d'y passer ont été marqués entre 1 heure et 5 heures du soir par six orages complets : tonnerre, éclairs et pluie ; c'est la manne céleste de chaque jour, manne doublement bénie bien que gênante, puisqu'elle ramène avec elle la fraîcheur et la fécondité.

Java, m'avait-on dit, est une île très spéciale. Ah ! je le crois certes bien : un sous-sol chauffé par le plus gigantesque chapelet de feux intérieurs qui soit au monde, un sol léché par un soleil équatorial, une atmosphère qui se charge et se décharge quotidiennement à la façon d'un accumulateur électrique, un ciel coûvert à heure fixe par des nuages porteurs d'une eau féconde : voilà bien de quoi constituer une terre étrange, mais aussi une terre fortunée, puisque tant d'éléments s'harmonisent à souhait pour la servir.

Espérons que Java ne périra point un jour sous l'excès même de ses dangereuses richesses.

Je quitte avec regret Buitenzorg où j'avais trouvé mon nid frais et confortable à l'hôtel du chemin de fer, tenu par un de nos compatriotes. Je quitte aussi avec regret ces bons, accueillants et placides Hollandais qui vous conquièrent tout de suite par l'affabilité de leurs manières et, un peu plus tard, par l'excellence de leur cuisine ; je me rappellerai toujours certain plat national, dénommé table de riz, pour la composition duquel le dîneur rassemble dans une même assiette, riz, boulettes de viande hachée, poulet sauté, aubergines, concombres, deux ou trois sauces et, si l'on veut, cinq sortes de piments. Il faut s'y faire, mais comme on s'y fait, tout n'est-il pas pour le mieux? Je dois ajouter d'ailleurs que, en dehors de cette puissante assise nationale la cuisine hollandaise est légère, fine et se rapproche beaucoup de la nôtre.

A Tondjonk Priok — en javanais, port brûlé — je reprends le paquebot des Messageries pour revenir à Singapore. Adieu ciel, terre et eaux de l'autre hémisphère ! Je n'ai fait qu'entrevoir l'un des cours fleuris de la calotte australe, mais il est si joli que j'en conserverai toujours la vision.

Je n'ose dire le même adieu au cinquième continent ; car je ne suis pas bien sûr de l'avoir abordé. Les géographes de mon enfance rattachaient les îles de la Sonde à l'Océanie, ils hésitent maintenant, et je comprends leur embarras. Java n'est séparé de la presqu'île de Malacca que par des fonds de quelques mètres. La grande fosse aquatique est sur la rive sud où elle atteint 10,000 pieds. Là donc se trouve plutôt la séparation des deux continents. En quoi nous importent au reste ces vérités de convention? Pourquoi, par exemple, le côté est de l'Oura est-il dénommé Asie et le côté ouest Europe? Toute cette terre de droite ou de gauche, d'en haut ou d'en bas appartient à la même masse émergée, et plutôt que de batailler indéfiniment sur des subtilités de frontières factices, il serait peut-être plus simple et même plus scientifique de renoncer à toute délimitation continentale.

Nous franchissons l'Equateur sans plus d'émotion au retour qu'à l'aller et bientôt, sous la conduite d'un pilote qui louvoie quelques heures à la lisière des deux continents, notre paquebot rejoint Singapoore, son port d'attache, ramenant à terre un malade, un seul, le médecin du bord! que les passagers ont soigné de leur mieux.

Les Chinois pullulent à Singapoore. Comme ils sont ici un élément de richesse collective en même temps que personnelle, la législation restrictive de Java ne leur est pas appliquée. Ils s'épanouissent donc à leur aise dans la vie commerciale et leur quartier, très riche d'ailleurs, a le développement d'une ville moyenne. J'entre dans quelques-unes de leurs boutiques, très typiques avec les grosses lanternes de papier multicolore en façade et l'autel des ancêtres, perpétuellement éclairé, dans le fond. A mon grand étonnement les façades passées à l'indigo et les intérieurs de magasins sont très propres.

La rivière elle-même est devenue leur par destination : les jonques qui s'y pressent les unes contre les autres, au point d'intercepter la navigation, sont presque toutes chinoises ; le Malais a été relégué dans les emplois inférieurs.

Il y aurait une intéressante excursion à tenter du côté de Johore, capitale du sultan de Malacca ; mais Singapoore promène par toutes ses routes et ses rues l'étiquette de sa latitude : 1 degré au dessus de l'équateur : l'Européen de passage, déjà échaudé sur l'eau, y vit dans une atmosphère de feu et réduit volontiers au minimum ses déplacements. Ce principe de sagesse septentrionale est mis en pratique par tous mes voisins : je les imite.

Un Français ne peut faire le tour d'Asie

sans poser le pied dans l'Indo-Chine française ; mais pour cela il faut abandonner la grande route maritime. Celle ci, comme le chemin du Petit Poucet, a été sillonnée de cailloux par messieurs les Anglais, cailloux de charbon qui obligent les navires à ne point s'écarter de la ligne tracée. Aussi le va et vient du grand trafic international est-il remplacé, au départ de Singapoore, par un simple trafic régional. Des ingénieurs avaient proposé le percement de la presqu'île de Malacca dans sa partie la plus étranglée. C'eût été, pour les échanges avec l'Extrême-Orient, un raccourci de plusieurs centaines de milles et pour Saïgon une magnifique position en façade sur la grande voie aquatique ; mais l'Indo-Chine française gagnait là tout ce que Singapoore anglais pouvait perdre. Le projet avorta.

La mer dans laquelle je m'engage sur le *Salazie* est donc à peu près vide de navires, et le cap Saint-Jacques qui commande la rivière de Saïgon ne rappelle guère, hélas! par son activité commerciale, les points de contact que j'avais eus jusqu'ici avec la terre ferme.

Pourtant, et mon amour-propre de Français s'en réjouit, la déception n'est point aussi grande qu'on me l'avait laissé craindre. Ces eaux françaises ne donnent point le sommeil de mort des régions négligées. La grande batellerie existe, la moyenne et la petite abondent presque. Quant à la terre, elle a la platitude et la monotonie traditionnelle des deltas, mais elle en a aussi l'habituelle fécondité, la côte est partout couverte de grasses rizières et de palétuviers, indices d'un sol fort et généreux.

Après trois heures de navigation fluviale, le *Salazie* vient se placer entre des congénères de fort bonne mine et non loin de cuirassés au repos. Pour nn port de deuxième ordre, ce déploiement maritime et guerrier vaut la peine d'être signalé. Comme à Pondichéry ma surprise est grande. Sur la foi d'affirmations recueillies en France, je me préparais au parallèle douloureux des Indes prospères et de l'Indo-Chine anémiée.

Eh bien, ma première impression n'est point celle-là et je tiens à la traduire immédiatement au risque d'être taxé d'imprudence : il y a là un mouvement de vie commerciale et un outillage économique qui ne trompent point. J'aperçois en outre certain arroyo chinois qui disparaît à moitié sous la pesée de ses jonques remplies ; tous ces bateaux ne sont point là pour faire figure, mais office commercial. Enfin la ville même où je pénètre en pousse a fort bon air, ma foi ! ses rues larges et bien tenues, ses quelques édifices, ses maisons confortables et bien construites, tout cela c'est l'œuvre d'un demi-siècle, et par conséquent le reflet d'un développement économique très sérieux : on ne vient point de France en Cochinchine pour y villégiaturer que je sache ; Saïgon est donc le résultat unique et direct d'une œuvre de colonisation et un argument de fait contre les détracteurs de nos entreprises au dehors.

Le spectacle de la rue n'est point sans intérêt. Le Chinois qui mange et trafique sous toutes les latitudes comme sous tous les drapeaux la dispute aux Annamites comme il la dispute ailleurs aux Malais, Javanais, Océaniens, etc. Mais je dois passer encore quelques jours ici à mon retour de Banckok. Peut-être vaut-il mieux soumettre mes impressions à l'épreuve de cette seconde visite.

Une excursion aux ruines cambodgiennes d'Angkor est bien alléchante : l'art kmer y atteint au grandiose et s'étale dans toute sa magnificence. Malheureusement, cette expédition, très facile à l'époque des hautes eaux ne l'est point du tout en ce moment. Les divers modes de locomotion terrienne, y compris un dos d'éléphant loué pendant 10 jours, doivent être employés par le voyageur. L'effort est trop gros pour un simple touriste et je me décide en faveur de Banckok.

Un bateau, ni fluvial ni maritime, comme certains poissons de ces contrées, doit m'y conduire. Simple lécheur de côtes, il n'a plus la carapace ventrue des grands courriers ; mais s'il ne peut emmagasiner que 800 tonnes au lieu de 7,000, son chargement n'est point banal. Sans parler des Chinois, Annamites, Siamois, Talapoins, Malais, il porte en même temps que nos augustes personnes le consul général du Siam avec une mission de jeunes fonctionnaires et, devinez qui? Monsieur le bourreau de l'Indo-Chine avec son bagage officiel, c'est-à-dire les bois de justice et la matière humaine sur laquelle va opérer cet intéressant personnage : un Annamite condamné à mort pour avoir tué une dizaine de ses compatriotes. Le théâtre funèbre, acteurs et décor, est donc au complet ; il ne manque plus que la représentation et, sujets de conversation inédits, nous allons entendre les prouesses de justice de l'un alternées avec les prouesses de brigandage de l'autre. C'est très gai.

Et ce n'est pas tout. Voilà qu'au moment de l'embarquement, le ciel s'obscurcit presque subitement. L'éclipse de soleil annoncée par les astronomes est presque totale ici : pour la première fois depuis la Mer Rouge, nous osons regarder le soleil au zénith... Enfin, nous partons un vendredi. S'il y a des gens superstitieux à bord, je les plains.

Le Delta franchi, les apports de terre limoneuse n'existent plus. Une barrière de collines déchiquetées à la base et au sommet mais toujours couvertes d'une épaisse végétation, brise les assauts de la mer. De temps en temps, la côte se creuse comme en une jolie baie bordée de quelques huttes, et des îlots postés en grand'gardes nous donnent l'illusion d'un large canal maritime. Le spectacle n'atteint pas au grandiose, mais il est bien intéressant.

C'est là du reste la plus notable supériorité de la navigation côtière sur l'autre. Le grand steamer pique droit vers la haute mer et, rectiligne mangeur d'espace, il impose au passager son éternel spectacle de ciel et d'eau ; le modeste petit caboteur, moins hardi, contourne les baies et les caps ; il met presque toujours dans le tableau un troisième élément, la terre, avec sa végétation, ses silhouettes diverses, ses effets de lumière changeants : à moins que la côte ne reste plate et nue, le panorama est toujours agréable à l'œil.

A Hon-Chong, toute la troupe macabre débarque avec ses accessoires légaux. Le condamné, que je viens d'interwiever indirectement dans sa cabine, semble tout à fait indifférent à son sort ; sans les entraves qui le retiennent, il serait plus leste que ses gardiens. Bon voyage, messieurs ! La présence d'une guillotine, d'un guillotineur et d'un futur guillotiné n'empêche pas précisément les honnêtes gens de dormir, mais ils préfèrent un autre voisinage.

A Samit, nous ravitaillons un aviso de l'Etat, le *Bengali*, qui se livre à des études hydrographiques. Près de Chantaboun, nous mettons le détachement français en communication postale avec la France. Ce petit bateau qui nous porte est la providence marine de tout le pays.

Déjà nous sommes dans les eaux du Siam. Chantaboun n'est qu'un gage détenu provisoirement par la France. Il fera bientôt retour à la couronne royale, et c'est bien dommage car l'endroit est charmant. On m'y montre la station balnéaire du roi au bout d'une belle allée de cocotiers ; j'y admire en outre, au point de vue de la difficulté vaincue, les dessèchements de terrains et les casernements entrepris par l'autorité française. Près de là, comme pour souligner le contraste, est assis dans la fange des marais, un petit village siamois avec son pêle-mêle d'hommes demi-nus, de femmes aux cheveux courts et de pourceaux barbottants. Ces derniers représentent plus ou moins l'égout collecteur et portatif de l'endroit.

Peu de temps après, nous franchissons la barre du Ménam, témoin de l'audacieuse équipée de nos marins en 1893. Plus que les fortifications fixes ou mobiles, mais antidiluviennes des Siamois, cette barre où la rencontre du fleuve et de la mer relève le fond à 3 m. 50 de la surface liquide, constituait le meilleur rempart de Bang-Kok.

Les bâtiments légers peuvent seuls la franchir : or il suffit de deux simples canonnières pour avoir raison de toutes les défenses accumulées par les Siamois !

Nous passons à notre tour en râclant le fond de vase molle et bientôt les rives se resserrant présentent plus nettement à nos yeux leur parure de manguiers et de palétuviers, leurs jonques habitées et leurs petits hameaux lacustres.

A mesure que le bateau se rapproche de la capitale, la population fixe ou ambulante du fleuve devient plus dense, les pirogues, sampans et jonques, chargés de fruits, de riz, de bois de teck, de marmaille, se croisent dans tous les sens, nous sommes dans le grand faubourg aquatique de Bang-Kok, le navire a atteint son terminus.

A vrai dire, cette entrée dans la capitale du Siam est moins pittoresque que je ne l'eusse imaginé : les scieries de bois et les moulins à riz, entreprises plus ou moins européennes, y tiennent une place énorme aux dépens des éléments natifs et tuent le pittoresque.

Mais, plus loin, les constructions industrielles, légations, habitations européennes franchies, la ville indigène reprend ses droits, et elle les reprend avec usure. De plus en plus les maisons sur pilotis, radeaux ou barques plates, se pressent le long du fleuve au point de former une nouvelle ville dans l'eau. J'ai compté trois rangées de maisonnettes mordant ainsi sur chacun des bords de la Ménam et la diminuant. Point de ponts pour relier une rive à l'autre : lorsqu'une voiture doit traverser le fleuve, on l'embarque comme on embarque les gens ; car la jonque et le sampan sont maîtres de Bang-Kok, eux seuls peuvent circuler dans toute la ville, grâce aux cours d'eau secondaires qui la sillonnent, et c'est ainsi qu'en toute vérité, cette fois, on a pu dénommer Bang-Kok la Venise de l'Extrême-Orient.

La vérité, toutefois, portait un caractère d'évidence bien plus manifeste encore, il y a une quinzaine d'années. Malheureusement pour le touriste, la capitale du Siam a trouvé son Haussmann dans la personne même du roi. Aux pirogues dorées et aux éléphants blancs Chu-la-long-korn préfère le landau occidental. Des canaux peu hygiéniques, mais pittoresques ont été remplacés par des rues à maisons banales et, triomphe du solide sur le liquide, les rails d'un tramway électrique courent sur le macadam exotique, là où les jonques classiques barbottaient dans l'eau noirâtre. C'est plus propre, mais cela ressemble à une insignifiante et hâtive portion de cité américaine.

En somme, la ville doit être vue sur le fleuve où elle est royalement assise depuis bien des siècles. Le reste, ayant plus ou moins subi les déformations d'une influence moderne ne présente plus par ci par là qu'une intéressante échappée sur quelque affluent chargé de huttes et de batellerie. Les yeux et l'imagination reviennent toujours d'instinct à l'artère principale, au Ménam et, comme ce morceau de roi est resté intact, ils ont de quoi se satisfaire.

Il est un autre coin de la ville bien conservé, c'est le principal marché. Sur une longueur de plusieurs kilomètres, les boutiques tenues par des Siamois, des Cambodgiens et surtout des Chinois s'y succèdent sans interruption, desservies par des ruelles couvertes de 2 mètres de largeur. C'est une ville, toute en longueur, inscrite dans l'autre. Tout s'y vend : les produits du sol ou de l'industrie indigène y coudoient la bimbelotterie d'Europe.

L'activité commerciale des villes d'Orient se concentre dans les marchés et c'est là surtout qu'on retrouve le populaire dans ces diverses manifestations. C'est donc fort intéressant et je n'ai garde de manquer, partout où il se trouve, un spectacle qui fournit toujours aux yeux du corps et de l'esprit la couleur locale et les études de mœurs ; mais j'ai déjà tant vu de ces marchés en Asie Mineure, en Egypte, aux Indes, à Java, etc., que, si j'éprouve encore le plaisir d'observer, je ne me sens plus guère la force de décrire, et ma pensée se perd parfois dans le vague comme à l'audition d'une pièce souvent entendue. C'est peut-être là le plus gros inconvénient de voyages très longs faits en un temps trop court.

Ici, comme dans les visions de la rue, cette lassitude relative prouve évidemment contre le voyageur, non contre le spectacle, puisque celui-ci, je le répète, reste fort intéressant. Je m'amuse toujours, malgré tout, à voir le Siamois, torse nu, offrant flegmatiquement ses fruits; le Chinois, à la longue natte, calculant les prix sur les boules d'un abaque rallumant le foyer des ancêtres ou maniant avec dextérité ses deux baguettes dans la ration de riz, de salade et de poule cuite à l'eau ; le gommeux de Bang-kok, élégant et dédaigneux, avec son impeccable veston blanc, les bas bien tirés, le pagne de soie laissant le bas de la cuisse à découvert et la badine du désœuvré à la main ; le talapoint, prêtre de Boudha, invariablement porteur de l'éventail (ou talipot, d'où lui vient son nom), fier et grave en sa toge de satin jaune relevée sur l'épaule ; le porteur et le gamin des rues, arlequins d'Orient, habillésduchampignon chinois,de loques occidentales etindigènes ou de toutes autres défroques hétéroclites ; tout cela tournoie dans le soleil avec les draperies criardes des devantures, les porcelaines multicolores, les mannes de fruits dorés balancées au bout des tiges de bambous et produit sur les yeux un perpétuel miroitement qui charme et fatigue tout à fois. C'est la couleur et le tempérament orientaux qui se rééditent une fois de plus avec les variantes de l'endroit. Et c'est charmant.

Nous avons fait demander par le consul de France l'autorisation de visiter la Ville Royale. En attendant que le maréchal de la cour, ou ce qui lui ressemble, nous la fasse tenir, nous allons voir la plus ancienne pagode de Bang-Kok. D'une voix nasillarde, des prêtres boudhistes y psalmodient l'office du soir et crachent à qui mieux mieux dans des soucoupes pour retrouver les sonorités d'une voix capable de plaire à Boudha. Dans d'autres soucoupes est placé le frugal dîner de ces messieurs, car la pagode étant une sorte de domicile, le talapoint y mange, y boit, y fume, sans la moindre irrévérence.

Comme les officiants nous laissent autant de liberté qu'ils en prennent pour eux-mêmes, nous pouvons examiner à notre aise l'intérieur du temple. Un autel peuplé de statues de Boudha dans des niches ou sur des socles dorés en occupe la partie centrale. Les murailles sont tapissées de peintures à fresques racontant, je pense, la vie du grand législateur religieux. L'œil ne trouve à se reposer nulle part : les artistes qui ont habillé tout cet intérieur semblent avoir considéré l'œuvre peinte ou sculptée comme une prière perpétuelle, un hommage nécessaire au Créateur, tout vide leur apparaît sans doute comme une offense négative à la Divinité. Pour moi qui ne juge point avec les yeux d'un croyant, j'admire l'harmonie relative des lignes et surtout le fondu des couleurs, mais je suis forcé d'apprécier le tout à la façon de ces salons modernes déplorablement encombrés de bibelots.

Quant à l'extérieur, que puis-je en dire? J'ai vu, il y a quelques jours à peine, cet amalgame de clochetons, de pyramides et de colonnes, et tout cela, comme de gigantesques jeux de quilles danse déjà devant mes yeux incapables de reconstituer un plan d'ensemble. Les colosses armés et grimaçants qui défendent l'entrée du temple font sourire, les statues de Boudha mis à toutes les sauces artistiques semblent étranges; mais les toits à larmiers de double ou triple étage sont admirables. Leur lourde carapace de tuiles vertes et rouges, patinées par le temps, se mire fièrement dans le soleil et semble écraser l'édifice tout en lui donnant une étrange et charmante allure.

Je retiens aussi la silhouette et la décoration des phra, notamment du phra principal qui s'élève à 60 mètres de hauteur. Le Siam est placé entre les Indes et la Chine: son art semble avoir ressenti l'influence d'un double courant. Aux Indes il paraît avoir emprunté la pyramide à gradins qui poignarde le ciel de sa flèche supérieure. A la Chine il a vraisemblablement demandé la porcelaine décorative du revêtement. Et, jointe à certaines formes architecturales restées siamoises, l'alliance de ces deux éléments présente un tout fort agréable à l'œil. Un placage de faïence émaillée sur des surfaces plates eût miroité d'une manière agaçante et monotone. Au contraire les blocs minuscules de faïence, épousant les multiples angles saillants et rentrants de l'édifice, en accusent les formes, tout en perdant par leur obliquité la puissance nuisible du rayonnement et, comme le temps a fait son œuvre, comme l'harmonie des couleurs avait été judicieusement ménagée à l'origine, l'effet décoratif d'ensemble est fort joli. Le monument ne peut devenir absolument grandiose pour des yeux d'Européens habitués à une certaine sobriété picturale ; mais rien ne choque dans cet étalage de formes et de couleurs, tout au contraire. Et le fait que rien ne choque en une débauche ornementale de ce genre apparaît à mon regard charmé comme un tour de force artistique.

Au retour nous glissons en sampan devant les boutiques chinoises rangées le long du fleuve. Les familles groupées en façade sur chaque maison flottante prennent le frais, dînent ou devisent gaiement, c'est le moment où le soleil salue d'un dernier regard oblique ce tableau de nature qu'il a chauffé à outrance pendant toute la journée et, devant les dernières lueurs d'un astre qui caresse et ne mord plus, chacun vient aspirer avec délices la douce tiédeur d'une journée finissante.

L'apaisement du soir est surtout une revanche contre le soleil et une sorte de récompense pour l'Européen ; nous le goûtons avidement. Mais tous les indigènes ne pensent point de même. Ce pays est ravagé par une terrible plaie, la passion du jeu. Le soir venu, Chinois et Siamois vont s'enfermer dans d'infects taudis pour y tenter la chance des coquillages. Nous nous rendons dans l'un de ces bouges. Autour de nattes étalées à terre, sous l'épaisse clarté de lampions fumeux, des hommes et des femmes demi-nus sont accroupis, tenant en mains les ticaux, parfois les billets de banque, qu'ils veulent risquer. Les mises sont faites auprès de jetons numérotés, le banquier compte une poignée de menus coquillages pris au hasard dans une terrine et, suivant que le partage en séries complètes laisse un reliquat de 1, 2, 3 ou 4 coquillages, le joueur qui a mis ou n'a pas mis sur ses numéros gagne, retire son enjeu ou le perd.

Ce n'est pas plus difficile, ni plus varié que cela ; mais le démon du jeu agite tellement l'âme de ces hommes jaunes qu'ils passent là des journées entières et, comme il est à prévoir, se retirent finalement ruinés. L'affaire est déjà bonne pour le banquier; elle continue à l'être. La victime a besoin de vivre ; cet argent dont elle a été dépossédée lui est rendu sous forme de prêt usuraire et, jusqu'à la fin de l'existence, le poids d'une dette souvent irremboursable, en tant que capital, pèse impitoyablement sur ses épaules Le mal est effroyablement généralisé. Les boys de l'hôtel eux-mêmes ont hâte de nous servir pour courir à la maison de jeu. C'est lamentable.

Le lendemain matin, à notre réveil, la permission de visiter la ville royale nous est remise. En route donc pour la cité réservée. Un officier, autrefois attaché à la légation de Paris nous accompagne. La cité entourée d'une triple enceinte crénelée est baignée par le fleuve où elle semble se prolonger par les croiseurs de la marine royale. Elle renferme le Palais, les ministères, des pagodes avec leurs couvents de talapoins, des écoles et des casernes.

Nous ne pouvons visiter la demeure de Sa Majesté. Un coup d'œil jeté dans la cour d'honneur prouve à notre curiosité qu'elle peut rester consolable de la privation.

Non point que cette grande bâtisse avec ses colonnades, ses galeries et ses loggias soit dépourvue de toute valeur ; mais pour des Européens en quête d'architecture indigène, une adaptation plus ou moins italienne dans ces pays d'Extrême-Orient ne présente pas grand intérêt.

La partie visible qui renferme les pagodes de la deuxième enceinte a plus de prix pour nous. Tout un peuple de géants grotesques, de lions hiératiques, de pylones et de flèches entoure le monument principal. Ce serait un chaos de pierres à revêtement de faïences, si le désordre apparent n'était point réclamé par certaines convenances religieuses.

A l'exception d'un phra complètement doré, tous ces fûts de pierre qui s'élancent vers le ciel sont mouchetés de petits cubes de faïence émaillée ; de la base au sommet, chaque monument est un vaste habillage de marqueterie multicolore, et l'on a l'impression d'un étalage de bibelots de Saxe démesurément grandis. Cette caractéristique de l'art siamois ne répond évidemment point à notre conception du beau architectural ; mais elle est gracieuse et bien compréhensible en ces pays du soleil où les effets de coloration sont facilement préférés à tous les autres.

Mais quelles idées bizarres traversent parfois le cerveau de ces potentats asiatiques. Aux Indes, l'interposition de plates bimbelotteries occidentales dans des œuvres d'art indigènes m'avait souvent choqué. Ici, c'est bien autre chose : une série de statues posées tout autour du carré principal avait appelé mon attention. Je m'approche. Que vois-je? Une galerie de mannequins en pierre représentant les modes européennes du XIXe siècle : Bonshommes en pantalon collant avec bretelles apparentes, chapeau melon ou haut de forme, etc. Et cela figure au milieu de reliques artistiques devant la pagode sacrée?

Notre aimable guide nous promène le long d'arcades où sur un demi-kilomètre de longueur, des peintures à fresques racontent les épisodes héroïques du Ramayana ; puis par une porte laquée et incrustée de nacre, nous gravissons les marches du bôt, c'est-à-dire du temple. Comme dans toutes les pagodes, un autel gigantesque en occupe le centre. Sur cet autel sont accumulés des Boudha en or et en argent, des porcelaines anciennes, de minuscules éléphants en or rehaussé de pierres précieuses et, dominant le tout, la célèbre statuette en jade de Boudha. Les voussures du plafond sont couvertes d'or et les quatre murailles de peintures à fresques. Tout ce que j'ai vu dans la vieille pagode se retrouve ici avec une somptuosité plus grande encore, comme il convient à une pagode royale.

Cela déborde de luxe décoratif et pourtant ce n'est point de mauvais goût.

La séance se termine par une petite visite aux fameux éléphants blancs, ainsi nommés parce que leurs ongles sont blanchâtres et que la couleur de la robe est grise. Ces éléphants sont sacrés. Dernièrement l'un d'eux, ayant commis quelque méfait, passe en jugement comme une personne raisonnable, et, par un arrêt légalement enregistré, fut rabaissé aux fonctions domestiques.

Au retour nous visitons la montagne artificielle, butte surmontée d'une pagode d'où la vue sur Bangkok est fort belle. Près de là sont des fours crématoires qui achèvent l'œuvre incomplète des vautours c'est du Bombay compliqué de Bénarès. Je n'ai pas l'avantage d'assister à l'une ou l'autre de ces intéressantes cérémonies.

Je voudrais passer plus de temps dans la capitale du Siam, mais le bateau des Messageries fluviales ne nous accorde que deux jours de résidence je dis donc adieu à l'étrange ville et reprends à regret le chemin de Saïgon.

Je ne trouve rien à noter au retour, sinon que M. le bourreau, agrémenté de ses bois et débarrassé de son client, nous fait de nouveau l'honneur de monter à bord. Décidément, ce triste personnage qui n'est pas triste du tout, devient encombrant.

29 mars.

Ma première impression sur Saïgon se confirme. La ville est taillée en plein drap, ses édifices, à l'exception de la cathédrale lourde et sans caractère, lui font honneur; de belles avenues la sillonnent; elle a son petit bois de Boulogne dans un jardin botanique bien dessiné et ses Champs-Elysées dans le tour d'Inspection où le tout Saïgon mondain s'observe et se coudoie chaque jour, entre cinq et six heures du soir; le café, l'inévitable café à terrasse, lui donne une vie extérieure introuvable dans les colonies anglaises, et j'avoue que les protestations du moraliste sont bien près de s'éteindre en moi lorsque je goûte par 30 degrés de chaleur la bienfaisante hospitalité de ces maisons faciles. En somme cette ville est gaie; les habitudes et l'exubérance françaises ont passé par là; on s'y sent chez soi.

Saïgon a pris de suite son caractère définitif; elle est la capitale des élégances européennes et des affaires administratives, elle n'est point la capitale commerciale de l'Indo-Chine. De temps immémorial le centre de l'activité travailleuse et trafiquante était à Cholon; Saïgon ne pouvait songer à détrôner sa vieille voisine. C'est donc à Cholon qu'il faut se rendre si l'on veut voir la ruche indigène et entendre son bourdonnement.

Très curieuse cette ancienne cité asiatique ; toutefois « ville indigène » est un terme impropre ; Cholon n'est point annamite mais chinoise. En vertu de la loi du plus fort, l'ancien habitant dépossédé gravite là autour d'une civilisation chinoise, comme il gravite à Saïgon autour d'une civilisation européenne ; il est le manœuvre ou le porte-faix du Céleste d'atelier et de magasin.

Bien avant l'arrivée dans la ville, l'arroyo embarrassé de jonques chargées de riz, de bois ouvré, de poteries, etc., indique le voisinage d'un centre d'activité humaine; tous les quarts d'heure, un train et un tramway, généralement bondés, mettent les deux villes en communication et, malgré cela, les routes restent garnies de gens qui déambulent avec le double panier classique sur l'épaule ; enfin toutes les façades de Cholon (prononcez Cholen) sont des boutiques ou des ateliers. Jamais je n'aurais soupçonné semblable animation. Le Chinois, natte pendante ou enroulée, torse nu, tout luisant de sueur ou de graisse, coud, chaudronne, cloue des cercueils, attend la clientèle, tandis que l'Annamite, malingre et sans domicile apparent, s'éparpille dans les diverses missions de dernier ordre.

Le spectacle est fort intéressant ; mais quelle étrange chose de voir le Chinois, vaincu partout chez lui s'imposer à ses vainqueurs par l'ascendant du nombre, du travail et de l'intelligence commerciale ! C'est au point de vue économique la revanche artistique du Grec sur le Romain.

La couleur locale ne peut faire défaut en de semblables rendez-vous humains : je vois défiler des processions avec gongs, clochettes, bannières couvertes de littérature sacrée ; je vois passer des enterrements avec l'immense dais fermé de cotonnade ou de soie rouge et or, enveloppe enflée d'un corps qui semble paraître grand, l'assistance et les pleureuses obligatoires en vêtements blancs, car le blanc est signe de deuil, enfin le traditionnel accompagnement de tambourins, gongs et bannières.

Ces manifestations plus ou moins théâtrales et les mille petits incidents de rue des pays ignorés sont bien de la couleur locale intéressante et je m'y intéresse.

Toutefois la couleur tout court, celle qui s'offre aux yeux du corps, n'abonde point ici, je ne retrouve plus les éclatants drapés des Indes, de Bangkok et de Java ; le Chinois, demi-nu chez lui, s'européanise plus ou moins gauchement au dehors ; l'annamite-homme porte une culotte noire, un madras noir, une blouse noire, laquelle blouse s'allonge un peu quand il est femme et c'est tout.

La note de la rue est donc sombre, presque triste et l'étranger s'en étonne forcément dans un pays à cadre équatorial comme celui-ci. Pour un peu, la couleur chaude et gaie serait apportée par l'Européen qui abandonne ici le sombre accoutrement occidental.

Entr'autres courses dans Saïgon, j'ai l'occasion de visiter deux établissements d'éducation religieuse dont bien des maisons de France pourraient envier la propreté, l'élégance, l'excellente direction. Il est à remarquer d'ailleurs qu'à l'étranger le bon renom de la France est presque exclusivement sauvé par les religieux. Je ne mets pas en ligne de compte nos colonies ; les éléments français y abondent assez pour que la moyenne de notre valeur morale s'y retrouve à peu près ; mais à part quelques exceptions, la France, très pauvre en natalité, n'est représentée dans les possessions étrangères que par de bien médiocres articles d'exportation humaine. Artistes de bas étage, coiffeurs, garçons cuisiniers ou déclassés de diverses catégories. L'étranger, porté à juger sur ces données visibles, jugerait donc très mal notre pays, si le religieux, qui élève ses enfants ou soigne ses malades, ne lui prouvait que la France possède autre chose que ces comparses d'une société régulière.

La visite aux fameuses ruines d'Angkor n'étant point possible en cette saison, je ne crois pas utile de parcourir les milliers de kilomètres carrés qui composent la basse Cochinchine. Cette immense nappe de verdure, très riche et très plate, se répète indéfiniment avec ses rivières, ses taillis, ses groupes de huttes, ses arroyos. Qui en a vu une tranche a tout vu. Après quelques jours de résidence, je quitte donc le delta de Cochinchine pour gagner celui du Tonkin.

A partir du cap Saint-Jacques la côte se relève. La longue muraille de l'Annam ne livre point passage à ces larges rivières *empiéteuses* qui bâtissent en quelque sorte sur mer à l'aide de leurs terres d'alluvion. La longue chaîne montagneuse n'oppose à l'océan que sa vigoureuse défensive ; mais comme le contact est direct et sans interposition de terres basses, la ligne des côtes est fort belle. De Bang-kok au Tonkin la presqu'île, exception faite des deltas, se profile admirablement bien et cela donne un très grand charme à la navigation côtière.

Après quelques heures d'escale à Tourane, une ville en formation qui indique par le tracé de ses rues désertes les vastes espoirs de son édilité, nous atteignons Haïphong, autre ville en formation. Là du moins, le commencement de preuve est largement fourni par la qualité de l'œuvre entreprise et l'on peut prédire un brillant avenir à la cité naissante. Suffisamment engagée dans les terres pour servir d'entrepôt à la région, assez voisine des eaux profondes pour permettre aux gros navires de l'aborder, Haïphong pourrait bien un jour supplanter Hanoï. Ce mouvement qui se dessine est très intéressant pour l'économiste, il l'est moins pour le touriste. L'étranger, de passage comme moi, applaudit à la rapide fortune de cités comme celle-ci,et j'ajoute que ce résultat n'est pas sans lui donner quelque fierté de lui-même et de son pays ; mais la tenue générale de toutes ces agglomérations adolescentes est prodigieusement banale. Rien n'y satisfait l'imagination : on regarde avec soin, pour se documenter, mais l'on passe. C'est ce que je fais.

En route donc pour Hanoï. Du train qui m'emporte j'aperçois beaucoup mieux l'immense delta du Tonkin que je ne voyais celui de Cochinchine sur la rivière de Saïgon. Je constate avec plaisir une richesse de sol qui ne se dément nulle part. On peut dire de cette plaine immense qu'elle est une rizière unique à propriétaires multiples. Je n'y remarque pas les raffinements et les ingéniosités de culture de Java ; mais tout est cultivé, et c'est l'essentiel. L'Indo-Chine, par ses deltas surtout, est la grande pourvoyeuse de riz de l'Extrême-Orient : elle est donc à l'abri de ces terribles famines qui désolent l'Inde et la Chine et elle l'enrichit par surcroît en alimentant autrui.

Lorsque la France eut annexé la Cochinchine et le Tonkin, l'empereur d'Annam avec qui l'on traitait fit, je crois, cette remarque : On m'enlève le cœur et le cerveau, on me laisse le squelette. Telle est, effectivement, l'impression que produisent les montagnes desséchées de l'Annam comparées aux grasses plaines des Deltas. De pittoresque, n'en cherchez point : c'est une Beauce perpétuellement verdoyante et arrosée ; c'est une terre qui rapporte à la bourse par l'estomac et non point à l'imagination par l'œil satisfait. Il faut choisir : le vainqueur a choisi le profit, par ce temps d'expansion coloniale nécessaire et de lutte économique, il n'a pas eu tort.

On atteint Hanoï par un pont en fer de 1,800 mètres jeté sur les deux bras du Fleuve Rouge et l'île basse qu'ils ont formée. C'est le triomphe de la métallurgie moderne : ses auteurs ont d'ailleurs en soin de glorifier leur œuvre en en présentant une réduction lors de l'exposition de 1900. D'autres triomphes plus modestes et du même genre sont éparpillés le long de la voie ; car dans ce pays désespérément plat les travaux d'art ne peuvent être que des viaducs.

Hanoï est beaucoup plus récente que Saïgon, mais elle marche à grands pas dans la voie du modernisme: hôtels, magasins, bâtiments administratifs, surgissent du sol comme par enchantement et l'on peut se demander si la ville récente ne dépassera pas un jour son aînée, comme elle est elle-même menacée dans l'avenir par l'ambitieux Haïphong. Le Tonkin est plus central, plus habitable que la Cochinchine : il semble devoir être le lieu d'élection des résidents futurs.

Saïgon et Cholon sont deux villes nettement séparées : ici la cité indigène et l'occidentale se coudoient. Ce n'est pas mieux, c'est différent et par le fait même qu'il y a différence, il y a curiosité satisfaite pour le touriste. Je remarque avec plaisir que le conquérant commercial, le

Chinois, ne règne plus ici comme ailleurs. Les ateliers où l'on travaille les bois, les nacres, les soies à broder, etc., sont annamites, les magasins où l'on vend toutes ces merveilles d'imitation sont également annamites. Comme toutes les races d'Extrême d'Orient, l'Indo chinois est essentiellement copieur ; du moins ne laisse-t-il point à autrui le bénéfice de son travail et de son art. C'est une bonne note à l'actif de ce petit peuple ; l'étranger de passage est heureux de la lui décerner.

Je remarque également que les diverses industries sont groupées, comme au temps de nos corporations. C'est ainsi que l'on passe de la rue des soies dans celles du papier, des nattes en bambou, etc. Ces groupements ne peuvent être absolument fortuits ; ils semblent donc indiquer un certain esprit d'association et deviennent une nouvelle bonne note en faveur de l'indigène.

Hanoï n'a point pour elle le voisinage de la mer et ses larges perspectives. Elle possède par contre 2 ou 3 lacs dont l'un presque central, traité en pièce d'eau, donne à la ville un charme exceptionnel. De nouveaux et somptueux hôtels s'édifient chaque année sur ses bords, tandis qu'au centre une vieille pagode peinturlurée semble s'étonner, en son isolement aquatique, de présider à ce moderne et occidental encadrement.

Cette pagode, celle du Grand Boudha, quatre ou cinq riches maisons annamites et chinoises, sont les seuls édifices qui méritent de retenir quelque peu l'attention du côté de la ville indigène. La moderne a été plus largement dotée par le vainqueur. Tous les specimens administratifs d'une grande cité, palais du gouverneur, mairie, postes, gares y sont taillés sur un patron digne des plus grandes villes françaises. Il faut y ajouter une grande église gothique, un théâtre en voie d'achèvement, un musée, vestige somptueux et déjà vieilli d'une exposition née peut-être avant terme, un jardin botanique bien dessiné. Tout cela permet à Hanoï de faire bonne et honnête figure de capitale coloniale et tout cela porte bien la marque française : je le préfère aux grimaces gothiques de l'Angleterre hindoue.

Deux grandes excursions sollicitent le voyageur à des titres divers : la baie d'Along, cirque où les îlots, les rochers, les promontoires excavés, les aiguilles se groupent et se pressent de manière à former une extraordinaire petite mer intérieure. C'est une merveille bien tentante pour un touriste.

D'autre part, la route de Lang-Son et

la porte de Chine : cette excursion me permettra de connaître le Tonkin dans sa partie montagneuse et de revivre les principales étapes de la conquête. Je ne puis consacrer que 15 jours à l'Indo-Chine : il faut opter, j'opte pour le second projet.

Je passe par Bac-Ninh et Kep, témoins des faits de guerre du général de Négrier, puis à Bac-Lé où un officier de la légion étrangère avec qui je voyage me désigne l'endroit exact du guet-apens. Jusque-là le Delta étale ses plaines molles, visqueuses pour ainsi dire, qu'aucune force naturelle n'est venue rider, mais le demi-cercle de montagnes qui ferme l'horizon depuis Hanoï s'est rapproché. Nous entamons le massif.

Quelle dépense d'héroïsme a été faite dans ce fouillis de roches, de promontoires, et de mamelons boisés si faciles à défendre et qui s'élèvent pittoresquement jusqu'à la frontière, on ne le saura sans doute jamais, mais l'étonnant et luxuriant spectacle de nature qui défile sous les yeux du voyageur se grandit singulièrement au souvenir des luttes dernières.

Le contraste est saisissant du Delta, pacifié semble-t-il par destination, et de ces vagues montagneuses étayées les unes sur les autres, presque impénétrées, séries de repaires naturels qui ont conservé leurs fauves et perdu fort heureusement leurs bandits.

Le paysage n'est pas à proprement parler grandiose, mais il est puissamment pittoresque et la nature y est riche. Certains mamelons chauves m'avaient fait croire à quelque impuissance de nature ; je m'aperçois après coup que la végétation forestière y est volontairement détruite par le feu pour assurer des pacages aux bestiaux.

Nous continuons à monter ainsi jusqu'à Lang-Son. Devant nous se dressent de nouvelles montagnes ; celles-ci appartiennent à la Chine et pourtant la véritable ligne de partage des eaux se trouve ici : tout ce qui coule derrière nous va au Delta, tout ce qui coule en avant va aux fleuves de Chine. Lang-Son même est installé dans une immense cuvette déterminée par un cercle de montagnes.

De cette cuvette, maintenant à sec, émergent des groupes de rochers autrefois limés par les eaux et qui affectent des formes fantastiques. Ce sont d'étranges et magnifiques forteresses naturelles se dressant au milieu de la plaine sans renflement de terrain préalable. Les Chinois, les Pavillons noirs, les Français en firent alternativemeut des camps retranchés et des points d'appui.

On me montre l'endroit où la colonne française commença son malencontreux mouvement de retraite, alors que les Chinois eux-mêmes se retiraient en désordre, vers la frontière. Toute cette contrée étrangement belle au point de vue naturel devient très impressionnante, lorsque l'esprit évoque le souvenir des faits de guerre dont elle a été le théâtre.

Je visite l'un de ces groupes de rochers, Kilua, centre de résistance des Chinois. La partie centrale forme un superbe camp retranché, et une immense grotte naturelle s'est creusée dans le principal massif: temple boudhique quand elle n'était point caserne, cette grotte a fourni elle-même les dieux qu'on y révère ; dans les stalactites et les stalagmites de l'entrée, le ciseau des artistes a débité autant de divinités et de Boudha que la dévotion populaire en exigeait. C'est fort curieux à voir.

On ne peut décemment aller jusqu'à Lang-Son sans essayer de poser un pied en Chine. Je reprends donc le train jusqu'à son terminus, Lang-Son, et de là, deux vigoureux Chinois, l'un tirant, l'autre poussant, m'amènent en djinrikisha jusqu'à la porte du Grand-Empire.

Des réguliers portant sur la poitrine et dans le dos l'estampille de leur maître suprême gardent jalousement cette porte, qui s'effrite comme l'Empire lui-même. Mais au point de vue du pittoresque le tableau est superbe. La porte barre une étroite vallée formée par deux hautes collines qui se terminent en falaises. Deux forts sont juchés en nids d'aigles sur ces robustes piédestaux et, appuyée sur le petit fortin central une muraille à créneaux court jusqu'à mi-hauteur reliant l'une à l'autre les deux montagnes. L'ensemble de ce dispositif militaire est très redoutable à l'œil, par conséquent fort pittoresque ; l'ensemble du décor présente en outre un cachet personnel très accusé.

Je prends à revers la position en faisant une centaine de mètres sur territoire chinois ; cela me permet d'apercevoir un minuscule village tapi dans une coulée de la gorge, puis, content de ma victoire facile, je retraverse le fortin en saluant les Célestes accourus sur mon passage. De quel côté, du leur ou du mien, se trouvait la plus grande somme de curiosité satisfaite ? Je l'ignore. Dans tous les cas, je suis servi à souhait et reviens émerveillé de l'excursion.

Pour compléter mon pèlerinage patriotique aux calvaires arrosés de sang français, je me rends d'Hanoï à la route de Sontay. C'est là, dans une petite pagode, que l'enseigne de vaisseau Balny fut tué avec ses hommes, tandis que son chef,

Francis Garnier, trouvait la mort un peu plus loin ; c'est là aussi que le commandant Rivière fut assassiné. Un modeste monument marque l'endroit où son corps, tête et mains coupées, fut retrouvé par ses compagnons.

Le site est banal : la rizière, interrompue par les paillottes de Kien-May et quelques taillis favorables aux embuscades, s'étend ensuite à perte de vue, plate et monotone comme d'ordinaire ; mais de cet endroit banal est datée toute la genèse de l'occupation. Rivière s'avançant sous les murs de la citadelle d'Hanoi avait à cœur de venger Francis Garnier et c'est pour venger l'un et l'autre que la grande expédition fut organisée.

Mes diverses excursions me fournissent l'occasion de saisir plus ou moins les différences de races et certaines particularités de la vie indigène. Le massif du nord est occupé par les « thoss » indigènes, solides,trapus, dont la face élargie et plate semble indiquer un mélange de sang mogol et annamite. Le tonkinois, plus chétif, se recroquevillie en quelque sorte, dès qu'il a dépassé la quarantaine. Tout ratatinés dans leur enveloppe de peau qui se parchemine et se plisse à l'extrême, hommes et femmes ont l'air de petits vieux avant l'âge.

Les jeunes femmes restent gracieuses

pendant quelques années ; mais elles prennent plaisir à devancer par coquetterie les ravages de la nature. Ces dames se laquent les dents avec une sorte d'émail noir, de sorte que les bouches ouvertes ne sont plus que d'horribles petits fours. Je n'ai point remarqué cette coutume en Cochinchine ; mais là, comme dans toute la péninsule, les deux sexes chiquent avec volupté le bétel et la noix d'arech : le four noir change de couleur, il devient rouge et sanguinolent, ce n'est pas beaucoup plus joli.

Le costume du Tonkinois ne diffère pas beaucoup de celui de l'Annamite du sud. Longues blouses et couleurs sombres, telle est la caractéristique des vêtements citadins. Dans les villages la différence s'accentue. Hommes et femmes, les femmes surtout, portent un chapeau fait de feuilles de palmier séchées, immense galette plate, à bords surbaissés, qui leur sert alternativement de parasol et de parapluie. Lorsqu'il pleut, ce respectable couvre-chef (il a près de deux mètres de tour) se complète par un manteau de même composition. C'est rationnel et pratique, mais tout à fait étrange. Les gens semblent s'être habillés avec des fragments de murailles ; car les parois des huttes sont faites en tresses de palmier.

Je ne vois pas grand'chose à dire des monuments indigènes. Les pagodes seules ont quelque prétention architecturale, mais la décoration criarde des murailles, l'accumulation des bibelots et des statues grimaçantes tuent le peu d'esthétique qu'elles pourraient avoir. La pagode chinoise est beaucoup plus intéressante par certains côtés. Le même fatras décoratif s'y retrouve: mais le décor est plus riche, plus sincère, plus artistique. J'ai vu notamment à Cholon certaines frises extérieures et crètes de toits faites d'admirable faïence émaillée. L'harmonie des tons et leur fondu ressortant sur les tuiles brunes vernissées de la toiture, tout le haut des façades s'habillait d'une merveilleuse guirlande polychrome, nullemement criarde.

Il m'a fallu venir ici pour comprendre tout le parti qu'un habile décorateur servi par un faïencier d'art pouvait tirer d'un emploi extérieur des faïences et des porcelaines.

Les malheureux essais dont j'avais été le témoin en France, m'avaient rendu radicalement l'adversaire de ce mode ornemental ; ma disposition d'esprit se modifie tellement que si j'avais à construire j'aurais largement recours à la faïence émaillée non d'Europe, car ma confiance n'est pas revenue, mais de Chine.

Voici deux semaines que je passe en

Indo-Chine. La saison chaude, presque permanente à Saïgon, monte à grands pas vers les pays tempérés. Si je ne veux point être perpétuellement grillé par le feu du ciel et la chaleur rayonnante de la terre, je dois me hâter plus que la saison vers les pays du Nord. Je quitte donc avec regret pour son confortable, l'hôte d'Hanoï, et prends passage, sans plus tarder, sur l'un des paquebots en partance pour Hong-Kong.

Quinze jours de résidence en ces lieux devenus français, c'est plus qu'il n'en faut pour avoir des impressions, ce n'es pas la dixième partie du temps nécessaire pour aventurer un jugement à fond sur la plus importante de nos colonies. Aussi, n'est ce point un jugement, mais une impression quelque peu contrôlée que je vais me permettre de formuler.

Le sol de l'Indo-Chine est riche, plus riche assurément que celui tant vanté des Indes anglaises ; son sous-sol possède des gisements miniers très importants ; mais placée tout entière dans la zone équatoriale, la péninsule est plutôt une colonie d'exploitation qu'une colonie de peuplement.

Sous ce climat déprimant la mission de l'Européen consiste surtout à faire travailler l'indigène, non à travailler lui-même. Il s'agit donc pour la France, non point d'envoyer là un excès de population qui n'existe pas, mais des cadres européens capables de donner à la main-d'œuvre annamite la méthode scientifique la direction intelligente, l'initiave qui lui font défaut.

Il s'agit pour la France d'oser y placer des capitaux qui *dorment* chez elle pour y mettre en valeur des richesses naturelles qui *dorment* à leur tour faute de facteur financier. Il s'agit enfin pour elle de trouver là un débouché pour un surcroît de production que la concurrence internationale ne permet plus de placer aussi facilement ailleurs.

A-t-on fait tout cela ? Oui, mais pas suffisamment. Les cadres européens ne sont point assez fournis. Le Français surtout se cantonne trop dans le fonctionnarisme ou les entreprises de détail. La direction des grandes affaires devrait être presque exclusivement dans les mains de nos compatriotes, elle est fort souvent dans celles des étrangers.

Les capitaux français, abondants mais timides et peu avisés, restent tous confinés dans les placements demi-stériles des vieux marchés européens. Soit paresse d'esprit, soit manque de flair commercial, leurs possesseurs négligent les indications fournies par le grand mouvement économique qui se dessine en ce moment ; ils se privent ainsi d'une rémunération légitime, ils privent surtout leur pays d'un accroissement de forces nécessaire et la colonie d'une mise en valeur profitable à tous.

Le fabricant français s'entête dans sa production routinière. Il ne vient point s'informer sur place des besoins locaux et ses produits vendus trop cher ou sans emploi ne trouvent point leur placement. Des étrangers, américains ou allemands, plus avisés prennent la peine de se renseigner et,fabriquant pour l'indigène des produits qui lui conviennent à des prix qui lui conviennent également, ils mettent de leur côté toutes les chances de ventes rémunératrices.

Il en résulte que, malgré les tarifs protecteurs qui la couvrent, l'importation française, dans une colonie française, vient bien loin derrière les importations américaine, allemande et anglaise.

Donc, il reste beaucoup à faire au point de vue théorique de notre éducation nationale comme au point de vue pratique des résultats d'exploitation ; mais il convient d'établir immédiatement le départ des responsabilités. C'est surtout au Français de France que les reproches peuvent être adressés. Il pêche par défaut.

Le Français d'Asie me semble au con

traire donner beaucoup de sa personne. La haute administration, ce bouc émissaire habituel de toutes les récriminations individuelles, semble avoir travaillé ferme de son côté au développement colonial. L'Indo-Chine se couvre à vue d'œil de chemins de fer, de canaux, de postes télégraphiques : des ports en eau profonde se creusent ; l'outillage industriel et commercial des Compagnies se complète ; des maisons à grosse commandite, des banques sérieuses s'installent ; aujourd'hui même les magasins du Louvre et du Bon Marché ont fait connaître leur intention d'établir des succursales au Tonkin.

Tout cela, et bien d'autres choses que je ne puis citer, révèle de sérieux résultats acquis et fait bien augurer de l'avenir.

La France a été bien servie jusqu'à présent par des soldats qui ont pacifié le pays au prix de leur sang, par des missionnaires qui relèvent l'indigène et savent lui faire aimer notre pays, par certains de ses administrateurs et de ses pionniers qui avaient la conception nette des besoins économiques de la colonie ; qu'elle ose davantage par ses capitaux d'épargne, qu'elle continue à envoyer comme chefs d'entreprises quelques-uns de ces initiateurs intelligents dont les facultés restent sans emploi dans une métropole vieillie et encombrée, qu'elle y retienne au contraire cette catégorie de fonctionnaires qui par esprit de routine ou souci de leur tranquillité, paralysent d'instinct les initiatives coloniales individuelles, et tout sera pour le mieux dans une possession où tout peut aller fort bien.

Car je tiens à bien le déclarer, à le répéter même ; malgré les réserves formulées dans les lignes qui précèdent, je quitte l'Indo-Chine sous l'empire d'excellentes impressions.

La contrée est riche, l'habitant est maniable ; de grands résultats ont déjà été obtenus puisque le pays a pu s'outiller sans faire appel aux subsides de la métropole, des résultats plus grands encore peuvent être acquis dans un avenir prochain. Je suis heureux que la France détienne ce précieux prolongement d'elle-même, et je suis fier que ma race ait prouvé qu'elle peut encore, quoiqu'on en dise, faire quelque chose en dehors de chez elle.

Mais précisément à cause de la valeur présente et future de la colonie, un vague sentiment d'inquiétude s'empare en même temps de l'esprit. Toutes les nations quelque peu conquérantes, y compris le Japon, ont maintenant de grandes visées coloniales. Une colonie d'avenir comme celle là est une proie tentante. Il faut donc souhaiter que la politique extérieure de notre pays reste toujours assez sage pour ne point risquer dans une aventure irréfléchie la possession d'un domaine semblable !

COUP D'ŒIL SUR LA CHINE

Le voyageur propose et le Japonais dispose. Je comptais remonter les côtes de Chine jusqu'à Pékin, traverser la Mandchourie, puis la Sibérie et justifier de la sorte le titre placé en tête de ces articles. De par les ambitions belliqueuses des petits messieurs jaunes de l'Extrême-Orient, voilà mon programme de route bouleversé. Impossible de revenir par la Russie, le Transsibérien est accaparé par les autorités militaires; le retour par la voie d'arrivée ne séduit nullement mon imagination... ma foi! je me décide en faveur de l'Amérique : le tour d'Asie va devenir le tour du monde! Tour du monde bien précipité, dans lequel une cueillette d'impressions vagues et générales remplacera forcément l'étude si profitable des hommes et des choses. Je dois renoncer à moitié au

Japon, totalement à la Chine du nord et à la Corée, poser un pied seulement à Canton et à Shanghaï et traverser à la course les prairies du Canada. Parti trop tard de Paris, j'ai dû fuir souvent devant une chaleur écrasante qui montait plus vite que moi vers le nord et maintenant me voilà poursuivi par les événements.

Jusqu'à présent j'avais été le prisonnier d'une administration qui m'a enlevé trente années de ma brève existence. Pendant la petite éclaircie de liberté qui se présentait à moi chaque année je voyageais ; mais quelle singulière manière de voir les choses ! J'absorbais les kilomètres, les sites, les musées, comme on engouffre en 25 minutes le menu de table d'hôte d'un buffet de chemin de fer, puis de retour à Paris j'achevais tant bien que mal dans la douce quiétude administrative la digestion de ces repas à la boa constrictor. Débarrassé maintenant de tous liens administratifs, je me faisais une joie de penser aux revanches de liberté que j'allais prendre contre le temps; je rêvais avec délices de pouvoir gaspiller dans la contemplation des belles choses un peu de ce temps redevenu ma propriété. Patatras ! me voilà tout aussi talonné par lui qu'aux jours de ma servitude dorée. Le bon Dieu me punirait-il de cette manie, pas bien méchante pourtant, des voyages, en me condamnant à marcher toujours comme le Juif Errant !

Et lui qui a mis l'épine sous la plus jolie fleur, punirait-il aussi les gourmands de belles choses, en plaçant les pires calamités dans les terres les plus généreuses, peste aux Indes, choléra à Bangkok, dysenterie en Cochinchine, fièvre paludéenne à Java, etc. Voilà en effet la carte d'échantillons maligne qui s'impose aux voyageurs dans ces pays tropicaux.

Peste en arrière, fièvres pernicieuses ici, guerre en avant. Ah ! quel voyage, mon Dieu, quel voyage ! pourrai-je répéter avec Cordenbois de Labiche dans la *Cagnotte !*

Quoi qu'il en soit, marchons puisqu'il faut marcher et écrivons maintenant sous la rubrique « Autour du monde » puisque la première est devenue fausse.

La Compagnie des Messageries Maritimes n'assure point le service entre Haïphong et Canton ; c'est la Maison Marty qui se charge de relier ces deux points par des bateaux de petit tonnage.

Après deux jours de traversée sur le *Hanoï*, paquebot français dirigé par un capitaine norvégien, manœuvré par des Allemands et servi par des Chinois, nous mouillons le 14 avril, en face de Hoi hao, capitale commerciale de l'île de Ha.nan. Cette grande île est chinoise, elle eût pu devenir, elle deviendra peut-être française : c'est un des morceaux que dans le dépeçage éventuel de la Chine, la meute des chiens d'Occident paraît devoir laisser au chien français. En attendant, la poste et le consulat français, prises de possession préventives, dressent fièrement sur la plage des façades volontairement disproportionnées avec l'importance de leur fonction.

Je ne sais ce que vaut l'île ; mais au point de vue du pittoresque, elle se présente d'ici assez mal : une immense bande qui s'étale comme une moisisure verdoyante à la surface des flots et, dans le lointain, pour tout relief, un piton, sémaphore naturel qui signale l'île aux voyageurs, voilà toute la vue panoramique qui se présente à nos yeux nullement éblouis !

Mais, qu'est-ce à dire ? Depuis vingt quatre heures, nous sommes au mouillage pour embarquer le frêt et, comme sœur Anne, nous ne voyons rien venir. Un sampan nous amène en deux heures dans le semblant de port de Hoi-hao et par un dédale de ruelles étranges nous courons aux informations. L'énervement de l'attente ne nous a point retiré nos yeux ; malgré les conséquences fâcheuses du retard qui s'annonce, nous observons les scènes de la rue.

Nous ne sommes ici qu'à la porte de la Chine ; mais cette porte vaut peut-être mieux que l'intérieur de l'édifice. Isolés du reste du monde dans une île peu engageante, les habitants d'Hai-nan sont restés eux-mêmes : les maisons dressées au hasard comme des champignons, les boutiques gorgées de victuailles nauséabondes, le marché couvert avec ses grosses lanternes de papier et les enseignes de soie flottantes, les enfants nus et mal débarbouillés, les brouettes tout en bois et à roues pleines qui grincent lamentablement sur des dalles mal jointes, tout cela est très particulier.

Je remarque que bon nombre de gamins et gamines, dès qu'ils nous aperçoivent, courent se réfugier derrière les jupes, non... derrière les pantalons de leurs mères ; quelques femmes également se cachent à notre approche. Sommes-nous donc si terribles? Eh oui ! dans ce milieu primitif et fermé à la vie occidentale, l'Européen passe facilement pour un être fantastique ; toutes les fables,en ce qui le concerne, y trouvent créance. J'apprends par exemple que l'homme blanc a le pouvoir diabolique d'apercevoir l'argent à travers les caisses qui le renferment ; il faut donc cacher celles-ci pour sauver ce.

lui-là. Je suis le témoin, la cause peut-être, d'une de ces scènes.

Ceci me rappelle un exemple de crédulité populaire observé à Buitenzorg. Le jour de mon arrivée, je vois un attroupement devant une case. Incorrigible badaud, je m'avance et m'informe. Un chien étranger venait d'entrer là après avoir traversé le pays : les autres chiens s'étaient prosternés devant lui, un indigène qui avait voulu le frapper avait eu le bras droit paralysé... Et patati et patata. Toutes les minutes une nouvelle légende invariablement crue circulait dans la foule, et tous regardaient avec un respect craintif cet animal étrange, un honnête boule-dogue qui se grattait consciencieusement et semblait tout étonné d'un tel empressement autour de sa personne.

Combien, sans le savoir, avons-nous projeté ici de rayons X ou Y sur les caisses chinoises ? Je l'ignore. Mais nous ne voulons point nous attarder trop longtemps à ce petit jeu cruel et d'ailleurs nous avons une mission à remplir auprès des autorités compétentes.

Elle est remplie, cette mission et la conclusion, la voici : lecteurs qui avez l'humeur voyageuse ne vous embarquez jamais sur un bateau non postal surtout lorsqu'un consul doit monter à bord ! Le courrier est tenu d'arriver à peu près à l'heure, le cargo-boat n'est tenu à rien. Voici ce qui s'était passé : le *Hanoï* devait transporter à Hong-Kong, M. le vice-consul de France et... 300 porcs. Les porcs auraient accepté n'importe quelle date d'embarquement ; M. le consul avait ses préférences et, pour plaire à Son Importance Monsieur le Consul, qui préférait attendre, l'agent de la compagnie gardait à terre les porcs lesquels ne préféraient rien du tout, mais dégageaient diplomatiquement Son Importance. On se gardait bien de nous révéler la petite manœuvre, de sorte que consul et agent se couvraient indéfiniment l'un par l'autre.

Or, comment faire marcher un agent empêtré dans deux missions contradictoires ? Comment dire des choses désagréables à un représentant de la France, tout farci d'amabilité, qui semble défendre vos intérêts mieux que vous-même ? De Caïphe à Pilate, de l'agent au consul qui excelle à se laver les mains de l'incident, nous faisons la navette sans succès et revenons furieux à bord. Ah ! Monsieur le vice-consul vous nous avez joué là un joli tour de... cochons. Pardon ! lecteurs, mais cette grossière plaisanterie me soulage un peu.

Préoccupé malgré tout par nos réclamations, ce consul monte le soir même à bord avec sa famille et non le lendemain, comme il avait été décidé ; il est suivi par les futurs kilos de boudin et de saucisse annoncés. Ça crie, ça remue, ça sent mauvais ; mais du moins nous partons avant l'aurore, trop tard pour voir Canton à l'aise, assez tôt, je l'espère, pour y jeter un coup d'œil et reprendre à Hong-Kong la correspondance des Messageries Maritimes...

Des combinaisons qui laissent si peu de jeu risquent toujours de craquer. C'est, hélas ! ce qui nous arrive. En vue de Hong-Kong, le paquebot stoppe pendant quatre heures à cause du brouillard ; il a d'ailleurs failli couper en deux une jonque chinoise. Nous entrons dans le port à 9 heures du matin seulement : plus de bateau pour Canton avant demain soir et le paquebot des Messageries maritimes part après-demain. Il faut opter : ou sacrifier Canton, la ville la plus intéressante de Chine ou rester bloqué ici pendant deux semaines. Je me résigne à la seconde solution.

Bilan du voyage : deux jours de retard au départ, deux jours d'attente à Hoi-Hao, trois jours de navigation. Nous avons donc consacré sept jours à une traversée qui n'en demande que trois. Les intérêts de dix-sept passagers sont sacrifiés à des convenances individuelles.

Quant à M. le vice-consul, le sourire sur les lèvres comme toujours, il vient de nous confirmer sa parfaite quiétude personnelle : son paquebot ne part que mardi. Aimable rossard, va !

Peut-être trouvera-t-on que je me suis trop étendu sur cet incident. Je l'ai fait à dessein pour deux raisons : un abus non signalé se perpétue ; un voyageur averti en vaut deux. Si vous devez compter avec le temps, ne prenez jamais de paquebot non postal.

Et maintenant que le mal est fait, acceptons philosophiquement ce que nous ne pouvons empêcher et tirons le rideau de l'oubli sur ces petites misères du voyage.

Hong-Kong est une magnifique remise maritime. L'énorme bassin protégé contre la poussée du large par le massif de l'île et le cercle des hautes collines qui l'enserrent pourrait, comme quelques autres grandes étapes choisies par les Anglais, abriter les flottes du monde entier. Le nombre des vaisseaux qui s'y reposent est respectable ; il paraît d'ailleurs que Hong-Kong est, au point de vue du transit, le premier port de l'Asie.

Pas plus que Singapore, Hong-Kong n'appartient à la terre ferme. L'Angleterre semble avoir des préférences marquées pour les positions insulaires,et cela se comprend : la barrière d'eau remplace gratuitement les murailles dressées à grands frais ; le possesseur n'a plus de point d'attache terrestre à défendre et, maître comme il l'est de la mer, il force les adversaires à livrer combat sur son terrain à lui... sur l'eau. Ah ! le bon sens pratique qui ne se dément pas, quelle force en politique !

On va peut-être me prendre pour un admirateur quand même des œuvres anglaises; mais le souci de la vérité doit primer toute autre considération : au point de vue de l'esthétique également, les vainqueurs ont su avoir de très heureuses initiatives. Le massif de l'île était un roc plus ou moins aride ; à grand renfort de terre végétale et d'irrigations les Anglais en ont fait un véritable bouquet de verdure. Partout les cottages se dressent aux divers étages de la montagne et, si quelque fausse note architecturale se remarque çà et là, elle disparaît dans l'harmonie générale et débordante de la végétation.

Le relief tourmenté du sol prête d'ailleurs aux fantaisies décoratives. Le soir, notamment, lorsque la lumière artificielle dessine par ses milliers de points brillants la superposition des castels et l'escalade des petits chemins tournants, le spectacle est merveilleux. Dans ces pays d'Extrême Orient où le luminaire se fait bas, rare et diffus, la colline de Hong-Kong vaut plus encore par le contraste et chaque soirée prend les allures d'une petite fête de nuit.

Quelle est exactement la part de l'homme et quelle est celle de la nature dans la composition de tels spectacles, il est peut-être oiseux de le rechercher; mais incontestablement le coup-d'œil est beau.

Il l'est plus encore, et ici la nature reprend pleinement ses droits lorsque, monté sur le pic, comme je viens de le faire, on a devant soi, les navires de la rade ramenés à la proportion d'énormes joujoux et, tout autour, l'encadrement bizarre des hautes collines avec la mer devant et derrière soi, pour former les grandes lignes du panorama. Si un soleil favorable daigne en même temps faire miroiter la glace des eaux et animer le velouté des montagnes, le spectacle devient enchanteur.

De la ville même il y a peu de choses à dire, sinon que les grands et somptueux bâtiments administratifs s'y pressent comme les gros vaisseaux dans le port. Hong-Kong s'affirme ainsi comme l'un des centres d'activité commerciale asiatique..

Il est aussi l'un des grands cararansérails du monde ; l'auberge y est palais ou caserne et la moitié de la population qui circule dans les rues appartient à l'ensemble de l'univers.

Encastrée dans la cité moderne se trouve une ville chinoise, curieuse par ses habitants, sinon par ses édifices. Quand le Chinois s'installe quelque part, il prend tout ce qui est à prendre. Chez les races inférieures, il accapare bien vite le haut commerce, la banque, les grandes entreprises, sans compter le reste.

Ici la race est forte, elle résiste à ses empiètements : le Chinois trouve quand même à se caser, il se cantonne dans le commerce local et les petits métiers.

Telle est l'impression immédiate qui se dégage d'une visite aux rues grimpantes de l'agglomération chinoise.

18 avril.

Un confortable bateau m'amène de nuit à Canton, en compagnie de quelques Parisiens auxquels j'ai lié mon sort de voyageur depuis Java. Pendant ce temps, mon véritable compagnon de route, M. Gallois, fuyant une chaleur qu'il redoute avec raison, exécute un cavalier seul plus ou moins agréable dans la région de Shanghaï.

Je m'éveille dans la brume grisâtre d'un grand fleuve chargé de jonques et de sampans. Ma première impression est celle d'une extraordinaire activité humaine ; malheureusement, le soleil ne verse point sa gaîté sur cette foule et ne colore point ses haillons. C'est un peu la Tamise et son ciel transportés sous les tropiques. Un sampan nous mène à travers le Canton aquatique jusqu'à la concession anglaise, où se trouve l'unique hôtel européen. C'est là que notre expédition à travers le Canton terrestre va être organisée.

Expédition est le mot : nous sommes six; chacun de nous doit être véhiculé dans un palanquin par trois porteurs chinois ; guide compris c'est une caravane de 28 personnes qui s'engagera dans les rues tortueuses qui nous font face. La petite armée de porteurs est enfin rassemblée, des victuailles sont installées sous toutes les banquettes, comme s'il s'agissait d'un voyage en rase campagne ; le trio de porteurs enlève prestement chacun de nous dans la carapace de bois et, mollement, dans le balancement des longues tiges de bambous qui plient à chacun de leurs pas cadencés, les Chinois nous amènent à l'entrée de la ville indigène.

Deviendrais-je un Asiatique raffiné? Cette première sensation m'est délicieuse et je m'y abandonne avec complaisance. J'ai protesté contre le pousse à traction humaine, et je raffole des promenades en pousse! Je ne devrais pas moins m'insurger contre cette habitude orientale, si éloignée de nos mœurs, qui consiste à se faire porter par ses semblables ; or, du premier coup, le bénéfice du confort oblitère en moi toute notion de la dignité d'autrui, et je me livre avec volupté à la cadence de mon palanquin.

A vrai dire, et que ce soit notre excuse à nous tous qui *trottons* d'ordinaire dans les ruisseaux de Paris, l'Européen doit conserver un certain prestige auprès de ces races impressionnables ; il ne peut non plus, sans une fatigue extrême, se livrer ici à des exercices corporels moyens. Comme, d'autre part, aucune espèce de voiture ne circule et ne peut circuler dans l'intérieur de Canton, la seule conclusion pratique du débat est le palanquin.

C'est qu'en effet les rues de Canton ne sont point des rues, mais des passages à demi-couverts. Les plus larges ont quatre mètres environ, les moyens, deux mètres. Quand deux palanquins se rencontrent, on est souvent contraint d'engager l'un à moitié dans la boutique voisine pour laisser voie libre à l'autre et, aux angles des petites ruelles, les porteurs doivent biaiser savamment pour faire passer sans accroc un appareil étroit, mais qui mesure cinq mètres au moins de longueur.

Le sol lui-même présente à notre œil occidental de déroutantes inégalités : ruisseaux, fondrières, traverses de portes pour les fermetures nocturnes, saillies de divers genres, il y a bien des choses sur ce pavé capricieux. Enjamber est toujours possible, rouler ne l'est guère ; la minuscule voiturette qu'on nomme le pousse serait elle-même ici d'un emploi peu pratique et, comme aucune roue ne tourne dans ces embryons de rues aménagés exclusivement pour de pieds chinois, les autorités n'estiment nullement nécessaire de faire raboter le sol de leur orgueilleuse cité.

Soyez-en loués, messieurs les édiles! vous ajoutez une note étrange aux étrangetés de votre ville, une impression de pittoresque achevé et du confort par surcroît au touriste qui passe.

Jamais je n'oublierai notre procession laïque à travers les ruelles enchevêtrées de Canton. Après avoir longé des quais et traversé des ponts où l'air et la bonne lumière du jour jouaient librement, voici que nous nous engouffrons dans un inextricable dédale de passages, plus ou moins fermés dans tous les sens. Ma raison m'assurait bien que je restais à la surface du sol ; par l'imagination j'entrais dans une sorte de monde souterrain.

Figurez-vous un immense casier humain divisé en une infinité de cellules et de raies transversales et dont le couvercle serait çà et là fendillé : voilà les habitations, les passages, les morceaux de ciel visibles à Canton. Ce n'est pas tout à fait le labyrinthe ; cela y ressemble beaucoup.

J'ai bien vu, au Caire et ailleurs, des portions de cité couvertes, où les rues méritaient à peine le nom de ruelles ; mais là, de distance en distance, une voie suffisamment large, aérée, ensoleillée, fragmentait ces espaces encombrés et rendait à la ville une physionomie normale. Jamais je n'avais vu un rendez-vous humain, qui compte près d'un million d'êtres, perpétuellement agglutiné de cette façon. Parfois sans doute, au débouché de quelque passage, nous arrivons bien à un essai de carrefour ou de rue. Le couvercle du casier se troue alors dans la direction du ciel sur une largeur de 7 ou 8 mètres ; toutefois, je crois bien qu'un cicerone habile pourrait promener son patient, toute une journée et par des voies toujours nouvelles, sans lui présenter jamais un aussi vaste champ de lumière céleste.

Voilà, dans la tenue générale de Canton, une note d'ensemble bien caractéristique. Il en est d'autres. Une bonne moitié du million d'êtres fixés à Canton vit dehors pendant le jour ; les boutiques elles-mêmes, démunies de leurs façades aux heures de travail ou de négoce, ne sont que des cases en retrait sur la rue. Un flot de population semblable suffirait à garnir les voies larges d'une autre cité ; il ne peut qu'encombrer les minces cordons qui serpentent dans celle-ci. Chaque palanquin qui passe est, dans la rue, l'équivalent du bouchon dans le goulot d'une bouteille ; il faut l'en sortir, mais, comme le bouchon n'est pas compressible, c'est la foule ambiante qui le devient forcément.

Et, alors, voilà le petit problème qui se pose et se résoud à chaque instant : les porteurs annoncent perpétuellement leur passage à grands cris et, perpétuellement aussi, l'Européen, paresseusement assis dans sa chaise, voit des gens se garer dans les boutiques, des faces jaunes, grincheuses ou curieuses, s'agglomérer les unes contre les autres, de longues nattes de cheveux s'accrocher aux tiges de bambou du palanquin, etc. Le cortege se composant de sept personnes, sept fois la bouchon comprime la foule qui se referme aussitôt derrière lui. C'est très amusant.

Ces ondulations perpétuelles de la foule, le papillottement des étoffes, le bruissement d'une populace en mouvement, les cris des porteurs et le son de leurs pas cadencés, l'absence même de tous les autres bruits d'une grande ville, donnent à cette ruche humaine de Canton une physionomie qu'on retrouverait, je pense, difficilement ailleurs.

Mais l'intérêt n'est pas seulement dans la rue, il est aussi dans la boutique. Celle-ci sollicite d'ailleurs le regard par les étroits panneaux de laque dorée pendus à l'extérieur. C'est l'enseigne chinoise. Elle est gracieuse et se répète par milliers. Dans certains quartiers très mouvementés, le développement de ces réclames brillantes est tellement considérable que le regard est arrêté net en avant, comme il pourrait l'être par un vaste rideau disposé sur plusieurs plans.

C'est que Canton est une ville essentiellement commerçante ; la boutique y est reine ; mais la concurrence y est grande aussi. Il faut voir comme les commis empressés de l'intérieur se tiennent prêts à saluer le client qui passe, à lui offrir la tasse de thé hospitalière, à présenter les soieries, les porcelaines, soigneusement rangées dans des casiers à filets d'or.

Les Cantonais rivalisent de luxe dans l'aménagement de leurs magasins : on sent que le souci du lucre commercial est la principale préoccupation de leur vie. Je ne sais si Confucius et Cakia-Mouni sont satisfaits de leurs disciples dans cette partie de la Chine, mais, à comparer les chétives pagodes que j'aperçois çà et là avec les luxueux magasins des rues de la Paix de l'endroit, je crois bien que le veau d'or y est plus apprécié que Bouddha.

Il est toutefois un culte traditionnel qui trouve sa place dans toutes les demeures, c'est celui des ancêtres. Les habitants de Canton en ont fait un motif de décoration supplémentaire. Presque partout le fond du magasin est occupé par une sorte d'autel sur lequel des cierges minuscules brûlent en permanence. Des panneaux de bois sculpté et rehaussé d'or, d'ivoire, de nacre, etc., entourent cet autel. Chacun s'ingénie dans la recherche d'une ornementation digne de ses aïeux, de lui-même et aussi... de l'admiration publique, de telle sorte qu'au lieu d'un monotone défilé de boutiques plus ou moins semblables, la pieuse concurrence a établi, pour le plaisir de nos yeux, une incalculable série de motifs ornés qui méritent l'attention, parfois même l'éloge sans réserve.

La principale note décorative est l'or; le Chinois l'emploie volontiers partout. On pourrait croire que la profusion d'une teinte aussi chaude pour l'œil est criarde et fatigante. Il n'en est rien. La lumière versée discrètement dans des voies trop étroites devient si rare au fond des boutiques qu'un rappel de tons vigoureux y est toujours le bienvenu.

Le guide nous promène avec complaisance dans les quartiers riches et commerçants. Il a raison pour nous, il n'a peut-être pas tort pour lui ; car cet honnête enfant du Céleste-Empire a sa petite commission sur toute marchandise vendue. Mais nous désirons voir aussi les monuments publics. Ceux-ci ne se déplacent pas comme la vogue commerciale ; tel ou tel d'entre eux est relégué dans un coin de la ville, brillant autrefois, infect maintenant. Cela nous donne l'occasion de flairer d'innommables victuailles, chiens, rats, poissons pourris ; d'apercevoir des cabarets à opium, des restaurants sordides, des jeux de hasard en plein vent, des diseurs de bonne aventure et des saltimbanques. C'est la badauderie de toute grande ville, plus pittoresque ici, parce qu'elle s'éloigne davantage de nos mœurs ; mais on ne peut songer à mettre en tableau toutes ces miettes de la vie populaire : je passerais la moitié de mon voyage à la décrire et je ne me sens pas le courage d'un tel effort.

Quant aux monuments je ne me fatiguerai pas non plus à les dépeindre ; mais ne croyez pas qu'en cela je recherche le moindre escamotage de labeur personnel. Canton ne possède point de monuments, au sens artistique ou même décoratif du mot.

Je vois quatre ou cinq pagodes : elles sont insignifiantes ; à peine sur les toits quelques-unes de ces frises et de ces guirlandes en faïence émaillée que j'ai tant admirées à Cholon.

Je vais consciencieusement au *Temple des cinq cents Lohan* : un grand hangar dans lequel cinq cents bonshommes, alignés en manière de massacre des innocents, sont offerts aux yeux surpris, nullement charmés, du visiteur.

On me conduit à la *Pagode ornée* qui dépend du Monastère de la pure intelligence : titre bien joli, édifice nul; il consiste en une tour sans style dont les neuf étages à balcons sont prosaïquement superposés à la façon des chapeaux de cirque que les clowns empilent successivement sur leur tête.

Peut-être convient-il de faire une exception en faveur du *Pavillon à 5 étages* dont la ligne de toits n'est point sans allure. Et encore ! les neuf dixièmes de la bonne impression produite appartiennent plutôt à la position de l'édifice qu'à l'édifice lui-même.

C'est là, « dans le pavillon dominateur de la mer », que nous consommons le déjeuner froid mis en réserve sur les palanquins. Le site est impressionnant : au premier plan, les murs crénelés de la ville avec leurs vieux canons, croquemitaines d'opéra comique ; tout contre, un immense cimetière chinois dont les uniformes petites pierres tombales suivent toutes les sinuosités d'une colline capricieuse ; plus loin des rizières gorgées d'eau, des bouquets d'arbres çà et là sur une plaine verte, et un vaste demi-cercle de hautes collines pour fermer l'horizon. De l'autre côté, la longue ligne de toits écrasés qui représente Canton s'allongeant le long de son fleuve nourricier et le fleuve lui-même déroulant à l'infini son large ruban moiré. C'est beau. Le seul vrai monument de Canton, c'est Canton lui-même, vu de cette hauteur avec ses environs !

Au retour, nous jetons un coup d'œil sur les prisons. Des gaillards enchaînés nous demandent l'aumône en ayant l'air de se moquer de nous ; des miliciens abrutis qui fument l'opium,—gardes d'aujourd'hui qui sont peut-être les gardés de demain, — surveillent comme ils peuvent ces intéressants personnages. Pour compléter la série gaie, on nous conduit au lieu des exécutions : la justice est expéditive et peu sentimentale en Chine ; tous les deux ou trois jours, elle affirme son existence en coupant une tête.

Le futur exécuté n'aura pas besoin qu'on lui indique la place habituelle du supplice, la terre n'a point encore absorbé tout le sang de son prédécesseur. Songez donc ! s'il fallait nettoyer chaque fois, à l'occasion d'une besogne qui chôme si peu... Etrange pays !

Enfin, nous nous rendons à l'*Enclos des Examens*, enceinte bizarre où *10,000* cellules sont réservées aux jeunes Chinois qui viennent concourir pour les grades littéraires. Ce n'est pas beau, mais cela devient intéressant par la puissance du nombre.

C'est presque uniquement par là d'ailleurs que les édifices se recommandent à l'attention : 10,000 cellules ici, 9 étages à la pagode ornée, 500 statues de génies au temple de Lo-han, etc...

Et voilà tout le bilan artistique et architectural de Canton. Si la vieille ville chinoise n'avait point à son actif la richesse de ses magasins, le fourmillement pittoresque de ses rues, la vie active de son fleuve, point ne vaudrait la peine de la visiter; mais elle a tout cela, et elle a tout cela en surabondance. Cela suffit pour faire de Canton la cité la plus originale de Chine.

Nous voici de retour après une journée bien remplie. Malgré tout le confort d'un palanquin, je descends volontiers de mon piédestal asiatique pour me servir vulgairement de mes jambes et les dégourdir dans une promenade pédestre à travers les Concessions.

Les Concessions sont un petit coin d'Europe transporté sur les bords d'un fleuve chinois. Elles occupent un îlot rectangulaire dont un tiers appartient à la France et le reste à l'Angleterre. Cet îlot, fort bien placé, était sans doute couvert par des maisonnettes indigènes. Tout a été rasé. De solides constructions européennes et des rues tirées au cordeau les remplacent. De pittoresque, point. Seul le souci d'une sécurité nécessaire apparaît nettement : derrière la frontière d'eau, le long de ces rues larges et droites, les surprises sont moins à craindre et les canonnières européennes postées sur le fleuve ont un libre champ de tir. Dans un empire livré aux factions intérieures comme l'est celui-ci, un réveil de fanatisme est toujours possible, le siège des légations à Pékin vient de le prouver, et toutes les sécurités réunies ne sont point chose superflue. Je n'ai point demandé si cette division du territoire correspondait à un plan de défense éventuel ; elle est si caractéristique qu'elle m'a semblé fournir la réponse elle-même.

Un seul pont fermé par une grille et gardé par un poste chinois relie l'ilôt à la ville indigène. La porte centrale s'ouvre au passage de tout Européen ; les portillons seuls restent accessibles aux Chinois. A la nuit tout est clos. Les égards réservés aux Occidentaux semblent prouver que leur résidence est un lieu d'élection sacré; hélas ! on se demande involontairement si elle n'est pas plutôt leur prison de demain. En tout cas, ces rues droites, froides, désertes, ces canonnières embossées dans le fleuve, cette grille du pont, tout cela donne à réfléchir et ce n'est pas folichon du tout.

Je ne constate pour ma part aucune marque d'hostilité de la part des habitants, mais plutôt une curiosité qui touche à la stupéfaction. Dans la rue tout le monde nous regarde, et les yeux restent implacablement fixés sur nous tant que nous sommes en vue. Si nous entrons dans une boutique, un groupement de têtes curieuses apparaît aussitôt par dessus la porte d'entrée.

Mais, au fond, cette curiosité simple est-elle bien l'état d'âme certain de la population cantonaise ? Le gamin des rues, cet enfant terrible de toutes les foules, semble apporter une indication contraire. A deux ou trois reprises, j'ai vu des moutards faire le geste de me couper le cou. A un certain moment, des gamins criaient je ne sais quoi ; m'étant trompé de chemin, je reviens sur mes pas. Immédiatement la volée de moineaux se sauve. A n'en pas douter, ces petits braillards célestes craignaient une correction en échange de leurs injures qu'ils supposaient comprises. N'est-ce là qu'un écho attardé des dernières émeutes ? Est-ce l'indice d'un vieux fonds d'hostilité qui ne demande qu'à redevenir actif ? Je ne sais, mais le point d'interrogation mérite d'être posé. En attendant, je suis heureux pour les résidents européens des mesures de précaution prises à leur endroit.

Ma seconde journée dans Canton se passe tout entière en flâneries à pied dans la ville et sur les bords du fleuve, sur les bords du fleuve surtout. On étouffe à la fin, non seulement par la bouche, mais aussi par les yeux, dans ces ruelles sans issue pour le regard. Les échappées des canaux chargés de jonques, les perspectives vraiment grandes du fleuve, donnent à l'œil l'occasion nécessaire de se dilater un peu.

Que de scènes pittoresques sur ces eaux boueuses ! La batellerie la plus intense de nos pays du nord ne peut donner une idée du Canton aquatique ; car ici la jonque n'est pas seulement un moyen de transport, elle est une habitation.

Bien des Chinois vivent et meurent sur leur petite habitation flottante. Les Chinoises surtout y abondent. Tandis que mari et fils se livrent sur terre à d'autres occupations, la femme et les filles restent à bord, faisant la cuisine, soignant les marmots, cueillant par-ci par-là l'aumône d'une marchandise ou d'un passager à transporter. C'est ainsi que j'ai vu vingt fois des femmes ramer, pagayer, avec un mioche retenu sur le dos par une brassière et je vous assure que cette bosse animée qui gesticulait et faisait des grimaces dans le dos de la mère ou de la grande sœur n'était point banale du tout.

En somme, les habitations lacustres d'autrefois sont ici remplacées par des maisons mobiles ; mais Canton possède une très forte population, lacustre ou fluviale, comme on voudra, qui vit exclusivement sur l'eau. A l'exception de l'espace strictement nécessaire à la circulation, tous les canaux sont couverts de batelets habités et les bords du fleuve sont accaparés de la même façon. Dans chaque jonque les morceaux de la carapace sont repliés les uns sur les autres pendant le jour pour permettre aux habitants de mieux respirer; ils sont rabattus la nuit pour leur permettre de dormir. La jonque a été pendant toute la journée salle à manger, cuisine, véhicule à marchandises ou à passagers, salle de réception, elle devient dortoir familial la nuit ; des enfants naîtront, des vieux mourront, mais la vie de famille se répétera ainsi tant que la vieille carcasse ne se sera pas désagrégée dans l'eau.

20 avril.

J'aurais voulu m'entretenir avec le directeur des Missions Etrangères des œuvres intéressantes que la France consent encore à appuyer là-bas. Le père Goutagny est à Hong-Kong. J'ai vu tout ce que je pouvais voir par moi-même. Je dis donc adieu à l'étrange ville et m'embarque pour Macao.

La descente du fleuve est charmante et je m'applaudis d'avoir pu l'effectuer pendant le jour. Le fleuve faisant sa trouée de plus en plus large à travers les terres grasses qui le bordent coule majestueusement dans une plaine fertile, tandis qu'au loin deux chaînes de hautes collines, pittoresquement découpées sur le ciel, semblent marquer les frontières de son empire. A mesure qu'il se rapproche de son embouchure, des îles à relief puissant se détachent de la terre, des estuaires se creusent. Nous ne sommes plus sur un fleuve, mais dans une sorte de petite mer intérieure. C'est le vestibule de l'Océan et, en effet, voici Macao, reine déchue, qui dresse fièrement encore sur la crête d'un éperon naturel les restes de sa grandeur ancienne.

On a comparé Macao à la principauté de Monaco : la comparaison est juste. Les deux pointes qui mordent dans la mer représentent assez bien Monte-Carlo et Monaco lui-même, de même que la partie en retrait figure assez exactement le demi-cercle de la Condamine.

Je fais choix d'un hôtel situé sur la Praïa Grande, boulevard maritime de... la Condamine. Là, en face de la mer, avoisiné par une population latine, entouré d'une végétation méditerranéenne dans un cadre méditerranéen, je pourrai m'illusionner un peu sur mon éloignement de la mère-patrie et attendre dans une retraite réparatrice le paquebot qui m'entraînera vers d'autres aventures.

Après trois mois passés en expéditions diverses sous les zones torrides et des séries de nuits sans sommeil, quelques jours de bon repos dans un lit normal et sans moustiques font grand bien. C'est une étape nécessaire ; tout en maudissant l'entrave apportée dans mon voyage, je me prépare à en profiter pleinement et philosophiquement.

30 avril.

Voici dix jours que je suis installé à Macao. Je connais ma péninsule sur le bout du doigt. J'ai vu la grotte où Camoëns exilé termina, dit-on les *Lusiades*, J'ai vu les maisons de jeu, les théâtres de marionnettes de la ville chinoise ; je me promène tous les jours sur la Praïa Grande et dans les jardins publics ; je vais entendre la musique militaire comme un bon rentier de province dans sa ville natale ; je me livre aux occupations multiples qui remplissent la vie d'un bourgeois désœuvré ; je perds mon temps en un mot, mais j'ai la sensation que cette vacance de l'esprit m'est utile et je m'abandonne.

D'ailleurs tout n'est point badauderie pure dans cette résidence de Macao : de la terrasse de ma chambre la vue s'étend librement sur la mer, les îles et le cercle de montagnes qui l'enserre. Grâce aux effets de lumière qui renouvellent incessamment cet imposant panorama, la fête des yeux reste perpétuelle et l'esprit ne se laisse point trop envahir par les minuscules choses de la ville.

Ajoutez à cela cette petite considération pratique que pour trois piastres, 6 fr. 66 par jour, je suis le roi de l'hôtel; ma chambre, vaste comme un appartement moyen de Paris est précédée d'une terrasse d'égale grandeur et, à juger par l'empressement universel dont je suis le pivot et le bénéficiaire, je crois bien que mes trois piastres représentent le double ou le triple de ce qui est demandé aux gens du pays. La paix reposante de Macao est décidément bonne pour l'esprit, le corps et le porte-monnaie.

J'avais souvent entendu parler des pluies tropicales. Il m'a fallu venir jusqu'à la lisière exacte des tropiques pour les connaître et savoir ce qu'un nuage équatorial peut contenir d'eau. Eh bien! sous les tropiques, la lisière vaut le drap comme disent les bonnes gens de mon pays : depuis deux jours, l'eau ne tombe point par gouttes, mais par paquets; le ciel est devenu un immense appareil à douches qui fonctionne sans répit. Il n'y a plus de mer, plus de soleil, plus de montagnes, il n'y a plus qu'un premier plan d'eau qui exécute son mouvement perpétuel de descente. Il est heureux que Macao m'ait fourni quelques jours de belles promenades et de magnifiques perspectives, car je le quitterais sous une fâcheuse impression.

Je le quitte, au contraire reposé et satisfait comme on l'est après une halte nécessaire, et ce coin du Portugal asiatique restera dans mon souvenir comme un petit Eden où la nature est engageante et l'habitant hospitalier.

Il est certain qu'entre Français et Portugais il y a affinité de races. Le contact de l'Anglais me glace, le contact du Portugais me réchauffe; je sens en lui un consanguin et cela me met à l'aise. Partout d'ailleurs, on s'empresse autour de moi, on s'offre, on veut lier conversation: la curiosité y a sa part, la sympathie y a la sienne. Lorsqu'on rapproche cette aménité de rapports de la froide sociabilité anglaise, où chacun marche pour son compte dans la vie, le bénéfice de la différence se double au profit du Latin.

C'est donc à regret que je laisse cette ville demi-morte où l'on se repose si bien et ces braves gens qui vous reçoivent avec tant d'amabilité.

C'est à regret également que je vois ces bons Portugais perdre un peu chaque jour ce que gagnent leurs puissants voisins de Hong-Kong et même les Chinois. Ce n'est pas que Macao soit une possession sans valeur : la batellerie de pêche et de cabotage que l'on voit dans son port n'est point négligeable, mais qu'est-ce que cela auprès de la foire aux steamers voisine ? Tout le grand transit commercial est aux mains des Anglais, le Portugais, maître autrefois de ces régions, n'en a gardé que les épluchures. La ville de Macao n'est pas non plus dépourvue d'activité commerciale, mais c'est le Chinois, non le Portugais, qui trafique ou produit et, si l'on y regarde d'un peu près, derrière le maquillage chinois des devantures, on retrouve la maison portugaise délaissée par ses propriétaires. Le conquérant est resté le maître administratif de Macao, mais c'est tout : l'Anglais a pompé sur Hong-Kong le grand trafic maritime ; le Chinois a conquis sur place le trafic commercial. Quel dommage pour ce petit peuple intéressant et pour la cause latine !

TABLE DES MATIÈRES

En route. — Le golfe de Naples. — Le détroit de Messine.	Page	6
Alexandrie. — Le Delta.	—	11
Le Caire : le Nil.— Le musée des antiquités. — Le vieux Caire.	—	14
Les tombeaux des califes. — Les Pyramides. — L'occupation anglaise.	—	25
Ismaïlia.— Port-Saïd.— Le canal. — La Mer Rouge.	—	35
Aden. — L'Océan indien.	—	40
Bombay : l'Hindou. — Les temples souterrains d'Elephanta.— Types indigènes. — La ville indienne et la ville anglaise. — Les tours du Silence et les Parsis.	—	45
Les chemins de fer aux Indes. — Le bungalow. — La tonga.	—	58
La forteresse de Daulatabad. — Ellora et ses temples-cavernes.	—	60
Agra : le fort, les palais. — Le Taj-Mahal.	—	69
Delhi : La rue. — La ville anglaise.— Le fort et les palais. — Un mariage hindou. — La grande mosquée. — Les nécropoles des environs. — Considérations sur l'architecture musulmane.	—	80

Cawnpore. — Les massacres. — Le Gange. — La ville. — 96
Lucknow. — Attitude de la population. — Les monuments. — 101
Bénarès. — La vie européenne.— Les rives du Gange. — Le bain sacré.— La crémation.— Scènes de la vie religieuse et profane. — Mentalité hindoue.— Promenade sur le Gange.— Nouvelles études de mœurs. — Les religions de l'Inde. — 105
Patna. — Calcutta. — La montée vers Darjeeling. — Les tigres. Le Thibétain. — L'Himalaya.— Darjeeling et son marché.— Les moulins à prières. — 141
Calcutta. — Démêlés avec notre boy. — 156
Pondichéry. — Etat de la colonie. — Dupleix. — Les diverses architectures de l'Inde. — Pagode de Villenour. — 160
Ceylan : Colombo. — La route de Kandy.— Kandy. — Le jardin de Peradenya. — Le Cingalais. — 170
Les Indes aux points de vue artistique, physique, politique, religieux. — 184
Singapore. — Les requins. — Changes de monnaies. — 190
En route pour Java.— Le passage de la ligne. — Batavia. — Méthodeshollandaise et anglaise.— Formalités de séjour. — 195

Buitenzorg. — La fécondité de la terre. — Le jardin botanique.— Les indigènes. — Tableaux de la vie locale. — Le Chinois envahisseur. — Une noce. — Les volcans. — Orages quotidiens. — 204
De Singapore à Saïgon. — La rivière de Saïgon. — 225
Vers Bang-kok. — La Ménam. — Bang-kok : le marché principal. — Spectacles de la rue. — La grande pagode. — La passion du jeu. — La cité royale : palais, pagodes, éléphants sacrés. — 230
Saïgon et Cholon. — 246
Haïphong. — Le Delta et le fleuve Rouge. — Hanoï. — La conquête. — Lang-Son. — La porte de Chine. — L'avenir économique de l'Indo-Chine française. — 250
L'île d'Haïnan. — 269
Hong-Kong. — 276
Canton. — Promenade en palanquin. — Physionomie de Canton. — La ville chinoise.— Les concessions européennes. — Le fleuve et ses habitants. — 280
Macao. — La ville. — La colonie portugaise. — 296

www.ingramcontent.com/pod-product-compliance
Ingram Content Group UK Ltd.
Pitfield, Milton Keynes, MK11 3LW, UK
UKHW020130220726
13923UKWH00001B/84

9 782019 926281